Trier im Mittelalter (nach einem alten Stich)

Land und Leute

Die *Mosel* hat den größeren Teil ihrer 545 km langen Reise von den Quellen am Westhang der südlichen *Vogesen* bis zur Mündung in den *Rhein* bei *Koblenz* hinter sich, wenn sie südlich von *Trier* Deutschland erreicht. Auf ihrem im lothringischen Stufenland südnördlich, in der Bundesrepublik nordöstlich verlaufenden Weg liegen Städte mit reicher Vergangenheit, darunter *Epinal*, *Toul* und *Metz*. Unweit der Grenze des *Großherzogtums Luxemburg* strömen ihr von links die *Sauer*, von rechts die *Saar*, ihr größter Nebenfluß, zu. Durch diese beiden Zuflüsse mächtiger geworden, bahnt sich die Mosel gewaltsam ihren Weg durch das Gefels des westlichen *Rheinischen Schiefergebirges;* links liegt die *Eifel*, rechts der *Hunsrück*.

Kein anderer deutscher Strom weist so viele Windungen, Durchbrüche und Schleifen auf wie die Mosel. Zuweilen hat man den Eindruck, als kehre sie in sich selbst zu ihrem Ausgangspunkt zurück. An einigen Stellen kann man tatsächlich den Weg zwischen zwei gegenüberliegenden Punkten einer Moselschleife rascher zu Fuß zurücklegen, als wenn man die Schleife mit dem Schiff ausfährt. Diese Krümmungen schenken dem tief eingefrästen Tal eine geradezu verwirrende Fülle von Schönheiten und Überraschungen. Die Weinberge werden immer wieder von stark hügeligen Hängen mit Wiesen und Obsthainen unterbrochen. So strahlt alles heitere, an südliche Weinländer erinnernde Anmut aus.

Es gibt keinen Knick, keine Windung im Mosellauf, wo nicht eine markante Burg oder die Ruine eines Wehrbaus oder Klosters emporragt. Manche stehen auf weinbergüberwachsenen Bergkegeln, andere krönen ausladende Bergrücken oder kleben wie Nester an zerklüfteten, schroffen Felswänden. Wie auf einer schimmernden Perlenschnur ist eine Fülle bedeutsamer historischer Denkmäler, sind romantische Städte, Dörfer, Schlösser und Burgen aufgereiht.

Den viel gerühmten Moselwein mögen die meisten schon gekostet haben, aber eine Fahrt ins liebliche Moselland zählt durchweg noch zu den Reisewünschen von Kennern. Der römische Dichter *Decimus Magnus Ausonius* (310—95), Prinzenerzieher am kaiserlichen Hof zu *Trier*, rühmte in seiner Beschreibung einer Moselfahrt das Reizvolle dieser weinseligen Landschaft: „Gruß dir, erhabene Mutter der Reben und Männer, Mosella ... Ruhm deinem lieblichen Tale, Ruhm auch seinen Bewohnern! Fluß, dem das Reich verdankt, daß Trier zur Hauptstadt erhöht ist. Schiffe trägst du so wie das Meer. Singen will ich dich, glücklicher Fluß, der durch grüne Gefilde freudig wallt, und zum Gott dich weihn in den Fluten des Rhenus. Sei bis zum fernsten Land verherrlicht, holde Mosella!"

Lage, Größe, Grenzen

Das in diesem Reiseführer beschriebene Land durchströmt der Fluß als geschichtsreiche Schlagader und prägt es wie kaum eine andere deutsche Landschaft. Die *Mosel* ist größter Nebenfluß des *Rheins*, ihr Tal, von wenigen Ausweitungen, vornehmlich bei Trier und im Mündungsgebiet, bei Koblenz, abgesehen, eng. Oft haben die durchweg nah beieinanderliegenden Orte kaum Platz. Sie schmiegen sich, ebenso wie die Eisenbahnlinien und die Autostraßen, für die an vielen Stellen Gestein weggesprengt und Tunnel gebohrt werden mußten, an die Felsen an. Der Sonnenwärme speichernde Schiefer und nur unter großen Mühen kultivierbare steile Hänge boten ideale Voraussetzungen für den früh eingeführten Weinbau. Überdies gibt es infolge der Häufung von Flußwindungen zahlreiche Südhänge, die sich bekanntlich hierzu besonders gut eignen.

Zwischen *Trier* und *Koblenz* münden außer den oben erwähnten größeren Zuflüssen Saar und Sauer neben vielen Bächen die Eifelflüßchen *Kyll* (mit 129 km am längsten), *Salm*, *Lieser*, *Alf*, *Eltz*, aus dem *Hunsrück* u. a. *Ruwer*, *Dhron*, *Baybach* und *Ehrenbach* in die Mosel. In trockenen Sommern konnte man den Fluß an manchen Stellen einst fast zu Fuß überschreiten. Der in jüngster Zeit erfolgte Ausbau zu einer internationalen Wasserstraße schuf hier einen sich vielfältig auswirkenden Wandel.

Bodengestalt

Der deutsche Teil der Mosel verläuft fast ganz durch das *Rheinische Schiefergebirge*. Hier tritt das alte Gestein als *Kambrium*, *Silur*, *Karbon*, vor allem aber als *Devon*, das hauptsächlich Tonschiefer, Grauwacke und Quarzit enthält, zutage. Die Mosel berührt die devonischen Gebilde rechtsseitig bei der *Saarmündung* und verläßt sie linksseitig zwischen *Winningen* und *Güls*. Die roten Sandsteinfelsen über dem linken Moselufer bei *Trier* entstanden

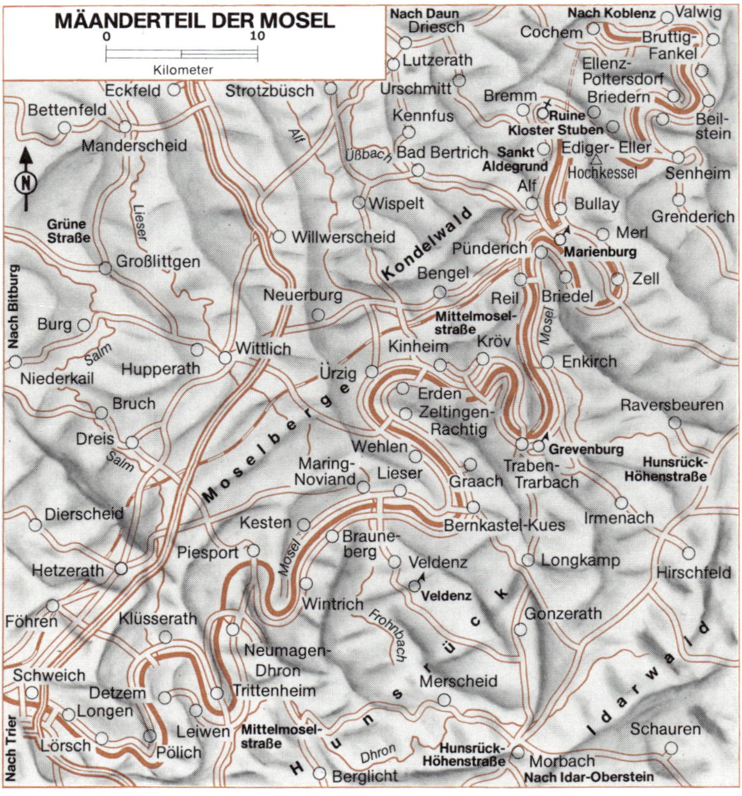

POLYGLOTT-REISEFÜHRER

Die Mosel
Trier

Mit 46 Illustrationen
sowie 11 Karten und Plänen

ALLGEMEINES

STADTBESCHREIBUNGEN

REISEROUTEN

POLYGLOTT-VERLAG
MÜNCHEN

Herausgegeben von der Polyglott-Redaktion
Verfasser: Vitalis Pantenburg
Zeichnungen: Margit Rein und Vera Solymosi-Thurzó
Karten und Pläne: Kurt Zimmermann, Franz Huber, Gert Oberländer
Umschlag: Toni Blank

*

Wir danken den Verkehrsbüros des Moselraumes für die wertvolle Mitarbeit.

Ergänzende Anregungen, für die wir jederzeit dankbar sind,
bitten wir zu richten an:
Polyglott-Verlag, Redaktion, Postfach 40 11 20, 8000 München 40.

Alle Angaben (ohne Gewähr) nach dem Stand Oktober 1989.

*

Zeichenerklärung:

Eisenbahnverbindungen · Autobusverbindungen
Flugverbindungen · Schiffsverbindungen · Bergbahnen
Erstklassige Hotels · Gute Hotels
Einfache Hotels und Gasthöfe · i Information
Jugendherbergen · Campingplätze · Schwimmbäder

Die in eckigen Klammern stehenden Ziffern decken sich mit den auf den Plänen eingezeichneten Ziffern.

Kilometerangaben hinter Ortsnamen zeigen die Entfernung vom Beginn der jeweiligen Route aus an.

Farbige Ziffern am Seitenrand weisen auf die Routennummern hin.

*

Wertung der Sehenswürdigkeiten:

** kennzeichnen bedeutende Landschaften, Orte, Gebäude oder Kunstwerke. Um sie zu sehen, lohnt sich ein Umweg.
* kennzeichnet sehenswerte Objekte, die man in einem Land, in einem Ort oder an einem Gebäude beachten soll.

*

14. Auflage · 1990/91

Printed in Germany / Druckhaus Langenscheidt, Berlin / L,w.I.En..
ISBN 3-493-60616-8

im Erdmittelalter (Mesozoikum). Ständige Winde wehten den Sand aus einer riesigen Wüste, die das zurückweichende Meer in Mitteleuropa bis tief nach Rußland hinein zurückließ, hier zusammen. Als später Wald aus Nadelhölzern, Schachtelhalmen und Riesenfarnen entstand und seine Tierwelt Menschen das Leben ermöglichte, hausten die ersten hier in Höhlen, die das Wasser aus dem Stein gewordenen Sand herausgewaschen hatte.

Bei *Schweich*, unterhalb *Triers*, tritt die *Mosel* in das *Rheinische Schiefergebirge* ein. Von nun an bildet sie sein merkwürdigstes Durchbruchstal. Seit Beginn des *Diluviums* (Eiszeit) schnitt sie sich unter ständiger Erosionsarbeit immer tiefer in die Tertiärschicht ein, die sie im Laufe der Zeit völlig abtrug.

Der Seitenerosion ging die Tiefenerosion voraus mit der Folge einer ungewöhnlich starken Mäandrierung (charakteristisch: schlangenartige, rückläufige Flußwindungen). Der Fluß arbeitete nun an seiner konvexen Seite (Prallhang) die steilen Hänge heraus, die man überall in den Flußwindungen feststellen kann. Das herausgeschwemmte Material wurde abgelagert und sammelte sich an der Landzunge, die an der konkaven Seite (Gleithang) des Stromes liegt. Auf diese Weise entstanden Halbinseln, die gegenüber sehr steilen Ufern in sanfte Böschungen auslaufen. Dieser Wechsel ist bestimmend für die Fruchtbarkeit und die Siedlungsverhältnisse an der Mittelmosel. Unterhalb *Cochems* bricht die Mäandrierung ab.

Starke Überschwemmungen, zuweilen durch Wolkenbrüche hervorgerufen, ließen ebenfalls hohe Ablagerungen zurück. Auch die heutigen Wasserregulierungsanlagen vermögen den Fluß nicht immer zu bändigen.

Klima

Das Moseltal eignet sich trotz seiner nördlichen Lage vorzüglich für den Anbau der Rebe. Soll sie gedeihen, so muß reichlich strahlende und wärmende Sonne da sein. An den Boden wie an das Klima stellt sie hohe Anforderungen. Rauhe Winde, Kälte, zuviel Feuchtigkeit bekommen ihr nicht. Die vielen Krümmungen des Flusses bilden warme Einhänge, Täler und Seitentäler, die gegen die Winde aus Nord und Ost schützen. Die Randberge des Tales sind oft sehr steile Hänge, fast den ganzen Tag der prallen Sonne ausgesetzt, an heißen Sommertagen richtige Glutkessel. Infolge der allgemeinen Nordostrichtung des Flusses in Deutschland ist immer nur eine Bergseite der Sonne zugekehrt und mit Reben bestockt; die andere trägt zumeist Buschwald.

Das Klima im windgeschützten Tal ist mild. Wie im übrigen Westeuropa, so wirkt sich auch hier der Einfluß der atlantischen Golfströmung und der überwiegend von Westen her wehenden Winde aus. Zu große und schädliche Witterungsschwankungen werden so verhindert. An der Mittelmosel, dem Hauptanbaugebiet für Wein, beträgt die mittlere Jahrestemperatur etwa 9° Celcius. Im Herbst ist das Moseltal oft in dichte Nebel gehüllt, die eine allzu schnelle Abgabe der Wärme verhindern. Dank der starken Verbreiterung der Mosel durch die Kanalisierung wird die Nebelbildung, aber auch die Wärmespeicherung verstärkt. Der Fluß selbst wirkt so als großer natürlicher Wärmespeicher und -spender, der die aufgefangenen Sonnenstrahlen durch Spiegelung wieder auf die Hänge zurückwirft.

Die ausgedehnten Wälder der *Eifel* und des *Hunsrücks* reichen meist nur in Seitentälern bis an den Strom heran. Die Waldstücke auf den Kämmen sind als nützlicher Schutz gegen den Wind willkommen. Soweit die hoch hinauf gebauten Terrassen und die Felsvorsprünge dies gestatten, sind sie nur mit niedrigem Buschwerk — vorwiegend Eiche und Buche — bewachsen. Wer Freude an selteneren Pflanzen hat, findet manche in diesen verfilzten Gehölzen. Hier gedeihen Kuhschelle, Roter Fingerhut und Königskerze, Christrose, Seidelbast und wilder Hopfen, Akelei, Geisblatt und Mehlbeere, Salomonssiegel, Faulbaum und Frühlingsblatterbse. Farne und Moose gibt es ebenfalls in vielen Arten. Die zerklüfteten und stark gegliederten Hänge sind ein wahres Dorado für Fuchs und Iltis, Wiesel und Wildkatze. Eidechsen, Feuersalamander und Blindschleichen sonnen sich gern auf gut durchwärmtem Schiefer. In wildzerklüfteten, schluchtartigen Seitentälern horstet der Uhu. Bussarde und zuweilen ein Roter Milan ziehen ihre Kreise im Aufwind der sonnenbestrahlten Moselschleifen.

Die starke Zunahme der Sportangler an den Moselufern läßt darauf schließen, daß der Fischbestand des Stroms dank der beträchtlichen Stauungen neuerdings wieder ansteigt.

Bevölkerung

Das Moseltal ist eine große Völkerstraße. Fremdlinge kamen und gingen und vermischten sich mit der ansässigen Bevölkerung. Zuerst traten die *Kelten* ins Licht der Geschichte, blauäugig und blondhaarig. Die Ringwälle ihrer Fliehburgen erinnern noch an sie. Dann drangen die *Römer* vor, legten ihre Kastelle an, aus denen oftmals Städte wuchsen. Trier, das alte „Augusta Treverorum" war sogar kaiserliche Residenz. Schwarzhaarig und braunäugig waren die Krieger aus dem Mittelmeerraum. Unter den Merowingern und Karolingern breiteten sich die *Franken* im Moselraum aus, hochgewachsene Menschen mit länglich-schmalen Gesichtern.

Diese drei Völkerstämme, Kelten, Römer und Franken, prägten vor allem das Bild der moselländischen Bevölkerung. Man spürt es noch heute, wenn man in die Gesichter blickt.

Hervorstechende Charaktereigenschaften aller Moselländer sind jedoch ihr Realitätssinn und die Heiterkeit des Gemütes.

Auch die kulturellen Einflüsse der Römer wirken heute noch nach, nicht nur in der Porta Nigra und den Kaiserthermen Triers, sondern auch in der Sprache und nicht zuletzt im Weinbau.

Die *Römer* hinterließen eine Fülle von Wörtern, die von den *Franken* nicht nur einfach ins Moselländische verdeutscht wurden, sondern die in die deutsche Schriftsprache eingingen. Dazu einige Beispiele von aus dem Lateinischen stammenden Wörtern: Wein kommt, wie die meisten wissen, von „vinum", Becher von volkslat. „bicarium", Kelch von „calix", Eimer von „amphora" (griech. Lehnwort). Sicherlich brachten die *Römer* den *Franken* bei, wie man Wein aus Rebensaft gewinnt. Doch welcher weinselige Moselfahrer, der einmal über seinen Durst von diesem Göttertrank kostete, weiß, daß das Wort „torkeln" dem Lateinischen entstammt, allerdings nicht in dem Sinne, daß der Wein Macht über den Trinker bekommt. „Torculare" heißt — dennoch zutreffend — nichts weiter als „im Kreise gehen", nämlich am langen Hebelbaum ringsherum trappend die Kelterpresse zusammendrücken, damit die Trauben ihren Saft hergeben.

Feste und Brauchtum

Althergebrachte Sitten und Bräuche, an denen die „Moselaner" jahrhundertelang zäh festhielten, finden bei der Jugend wenig Anklang. Doch erinnert man sich neuerdings, dem lohnenden Fremdenverkehr zuliebe, wieder der Folklore. Hübsche Bräuche und Tänze in alten Trachten werden in den zahlreichen, vom Frühjahr bis zum Herbst abgehaltenen Volks-, Heimat-, Wein- und Trachtenfesten gezeigt und erfreuen sich großer Beliebtheit. Es gibt kaum einen bekannteren Ort im Mosellàand, der, wenn er etwas auf sich hält und rührig genug ist, nicht ein derartiges Fest ausrichtet und durch eifrige Werbung dazu einlädt. Natürlich denkt man dabei an gesteigerten örtlichen Weinkonsum. Aus der Fülle der Veranstaltungen (zumeist an Wochenenden), deren Programme man aus Ortsprospekten und Ankündigungen erfährt, seien herausgegriffen:

Winningen *Weinfest*, sog. „Moselfest", Ende August/Anfang September, eine ganze Woche.

Traben-Trarbach *Weinfest* am zweiten Samstag im Juli.

Alken *Weinfest* an den beiden letzten Wochenenden im August.

Bernkastel-Kues *Weinfest und Trachtenfestzug* am ersten September-Wochenende.

Kröv Anfang Juli *Internationales Trachtenfest*, eines der beliebtesten und originellsten Winzerfeste an der Mittelmosel.

Trittenheim *Weinfest* am 10. August (Laurentius-Tag).

Neumagen *Weinblütenfest* Anfang Juli.

Mülheim *Volksfest Mülheimer Markt*, Mittwoch nach dem ersten Sonntag im August.

Trier *Moselfest*, erstes Juli-Wochenende; *Weinfest*, erstes August-Wochenende.

Besiedlung

Die oft sehr engen Flußdurchbrüche im tief eingekerbten Moseltal zwischen *Trier* und *Koblenz* bestimmen die Art der Besiedlung. Zwischen Strom und Fels war wenig Raum für Wohnhäuser, Höfe und Wirtschaftsgebäude. Daher sind Straßen und Gassen in den vielen Weinorten meist recht schmal und modernem Kraftverkehr nicht gewachsen. Manche gepflegten alten Fachwerkhäuser bringen in das eintönige Bild der Zeilen von Schiefer- oder Grauwacke-Gebäuden eine heitere Note. Zahlreiche alte Schenken, manche von Weltruf, locken durch stilvolle, gemütliche Atmosphäre.

Die Moseldörfer zeigen in ihren Erscheinungsformen große Ähnlichkeit. Sandstein oder Schiefer, fränkisches Fachwerk oder weiß verputzte Hunsrückhausformen wechseln einander ab. Noch viele alte Häuser sind erhalten, die alle schlechten Zeiten, Feuersbrünste und Überschwemmungen glücklich überstanden haben. Die Vorfahren wußten sie ihrer Tätigkeit als Weinbauern klug anzupassen. In *Bernkastel*, *Ürzig* und *Kröv*, besonders in *Enkirch* finden sich wahre Schatzkästchen des heimischen Fachwerkbaus. Ihr Unterbau ist bis zum ersten Obergeschoß aus Grauwacke aufgeführt, schon um Hochwassern Trotz zu bieten. Hier findet sich meist der Weinkeller. Stall und Scheune schließen sich seitlich an oder liegen hinter dem Wohnhaus. Da man wenig Platz zum Hausbau hatte, wurden durchweg zwei Stockwerke auf den Unterbau gesetzt. Ein kräftiger Pfeiler in der Mitte hatte die gesamte Last des Hauses zu tragen. Das rot, braun oder schwarz gehaltene Eichenfachwerk der Wände hebt sich wohltuend von den weiß getünchten Zwischenflächen ab. Die Balken-, Tür- und Eckpfosten tragen oft reiches Schnitzwerk. Ein Erker oder auch ein ganzes Stockwerk, Lieblingsplätze der Hausfrau, springen zur Straße hin vor. Aus Holz gearbeitete Türen führen über Steinstufen ins Hausinnere. An der Giebelseite sind unter dem First Tür und Flaschenzug zum Heraufwinden von allerlei Vorräten (Heu, Stroh, Früchte). Ein ziemlich steiles schiefergedecktes Satteldach schützt das Haus, oft seit Jahrhunderten in Familienbesitz, gegen Witterungseinflüsse.

Manchmal liegen die Dörfer, malerisch eingelassen in fruchtbare Moselschleifen, am Fuß der Weinberge. Da, wo wenig Platz war, sind es zuweilen lange Häuserzeilen, die sich im Fluß spiegeln. Legte man den Ort am Hang an, der dem Süden, der Sonne, zugekehrt ist, so wird dort jedes Fleckchen, sei es auch noch so klein, sorgsam genutzt und mit Weinstöcken bebaut.

Nur eine so intensive Freilandkultur wie der Weinbau konnte die für das Moselland typische starke Besiedlungsdichte ermöglichen. Zum Weinbau gehörten stets etwas Landwirtschaft und Wald. Abgesehen von Gemüse- und Obstgärten am Saum der Weinorte liegen die Feld- und Wiesenstreifen auf den Uferhöhen. Man brauchte Vieh als Zugkraft und als Naturdüngerspender für die Weinberge. Die bescheidene Landwirtschaft bot in Krisenzeiten immer das für die Existenz Notwendige. Der technische Fortschritt brachte auch hier tiefgreifenden Wandel.

Weinland Mosel-Saar-Ruwer

Der Weinbau beherrscht das Land der *Mosel* vom Dreiländereck (Frankr., Luxembg., Dtschld.) bis zur Mündung in den Rhein. Wann die Weinrebe an die Mosel kam, steht nicht fest. Die *Römer* führten den *fachgerechten Weinbau* ein und brachten ihn zur Blüte.

Unter den ältesten Bodenfunden an der Mosel, die im „Winzergrab" von *Kobern* auf die Wende vom 1. zum 2. Jahrhundert zurückgehen, finden sich Metallteile von Winzermessern und Traubenkerne als *Grabbeigaben*. Aus diesen frühesten Zeugnissen deutschen Weinbaus läßt sich schließen, daß an der Mosel bereits in der zweiten Hälfte des 1. Jahrhunderts Reben angebaut wurden.

Goethe erlebte im Herbst 1792 auf einer Schiffsreise die Mosellandschaft von *Trier* bis zur Mündung mit dem „Gefühl von Wohlfahrt und Behagen, welches über Weinländern in der Luft zu schweben scheint".

Im Grunde hat sich am Eindruck, den man vom Moselland mitnimmt, bis heute nichts geändert.

Das vielfältig verschlungene Rebenband der Mosel ist, gerechnet von *Perl*, 50 km oberhalb *Triers*, bis *Koblenz* gut 240 km lang. Hierzu zählen der Unterlauf der *Saar* mit etwa 30 km und, hart unterhalb der *Trierer Kernstadt*, das Tal der *Ruwer* mit rund 15 km. Die Weinbergfläche ist gegen 9000 Hektar groß, verteilt über etwa 180 Winzergemeinden. Die Weinberge liegen zwischen 100 m und 285 m ü. d. M.

Dieses westlichste deutsche Weinland ist nach Bodenart und dem ihr entsprechenden Weincharakter dreigeteilt in *Unter-*, *Mittel-* und *Obermosel* sowie *Saar* und *Ruwer*. Der Untergrund der Rebenhänge an der *Untermosel* besteht aus Grauwackenschiefer mit größeren Gesteinsbrocken. Die mit Nährstoffen hier dürftig ausgestatteten, meist recht steilen Höhenzüge trocknen zwar leichter aus, bringen aber dennoch elegante, spritzige Weine. Sie können sich hinsichtlich ihres „Buketts" mit Kreszenzen der *Mittelmosel* kaum messen. In diesem Abschnitt hat der brüchige graublaue Tonschiefer der *Eifel* und des *Hunsrücks* die so erstaunlich nährende, Sonnenwärme und Kraft bewahrende Eigenschaft. Sie verleiht den Spitzenweinen der *Mittelmosel* die an ihnen gerühmte „ätherische Blumigkeit".

Trier, die Metropole des Moselweins liegt im oberen Rund eines Halbovals, zu dem ein Stück *Mosel*, die *Untersaar* und der *Ruwer*-Zipfel gehören. Wein von der *Saar* aus geschätzten Lagen pflegt in Sonnenjahren auch gute Kenner durch prickelndes Bukett zu überraschen. Die edlen Weine aus gerühmten Lagen an der *Ruwer*, die bei *Trier-Ruwer* in die *Mosel* mündet, können sich mit den Kreszenzen der *Mittelmosel* durchaus messen.

Mittel- und *Untermosel* weisen kaum zählbar viele Lagen auf, von denen manche Weltruf haben. Von Trier abwärts finden sich gefeierte Namen mit dem Renommee von Weinen hohen Ranges: *Klüsserather Bruderschaft*, *Engelgrube* und *Rosengärtchen*, *Piesporter Goldtröpfchen*, *Brauneberger Juffer* und *Bernkasteler Doktor(berg)*, *Graacher Himmelreich* und *Domprobst*, *Zeltinger Schloßberg* und *Wehlener Sonnenuhr*, *Ürziger Würzgarten* und *Ürziger Urglück*, *Erdener Treppchen* und — mit dem derben Namen — *Kröver Nacktarsch*, *Reiler vom Heißen Stein*, *Briedeler Herzchen* und *Zeller Schwarze Katz* (die glückliche Namenswahl brachte ihr Welterfolg).

Unter der Vielzahl der auf weniger begünstigtem Boden wachsenden *Untermoselweine* gibt es manche rühmlich bekannte aus sehr sonnenreichen Jahrgängen: *Valwiger Herrenberg*, *Cochemer Reuschberg*, *Gondorfer Annaberg* und *Winninger Weinhexe*, die in Cochem, dem größten Weinort der Untermosel, zum ältesten deutschen Weinfest jedes Jahr Tausende zu fröhlicher Weinprobe verlockt.

Riesling heißt die an *Mosel-Saar-Ruwer* fast ausschließlich angebaute Traubensorte, eine unscheinbare, aber edle Frucht. Sie reift am spätesten in der Sonne der nördlichsten Weinbaugrenze und ist ein Geschenk der Rokokozeit.

Moselfahrt und Moselwein sind untrennbar miteinander verknüpft. Für den Neuling im genießerischen Schlürfen dieses trefflichen Rebensaftes hier einige nützliche Hinweise: Die schmukken Etiketten auf den schlanken Flaschen sind sozusagen Erkennungsmarken, aus denen man Herkunftsort, Weinberglage und Marke, Erzeugernamen, Jahrgang und einiges über Bereitung und Qualität erfährt. Der *Korkbrand* garantiert, daß das Erzeugnis wirklich „naturrein", das heißt ohne Zusätze, im Faß reifte. *Originalabfüllung* und *Kellerabzug* bestätigen, daß der Wein im Keller des betreffenden Ortes naturrein auf Flaschen gefüllt wurde. *Spätlese* darf ein naturreiner Wein sich nennen, wenn die Prüfung ergab, daß er aus vollreifen, erst nach der allgemeinen Lese geernteten Trauben gekeltert wurde. Höheren Rang nehmen *Auslese*, *Feine Auslese* und *Feinste Auslese* ein, die sich ergeben, wenn die Trauben sorgfältig ausgelesen und ihre nicht ganz reifen oder kranken Beeren entfernt wurden. Eine weitere Steigerung verspricht die *Beerenauslese*, gewonnen aus einzelnen überreifen Beeren. Läßt man diese eintrocknen und gewinnt daraus den naturreinen Extrakt, so ist dies *Trockenbeerenauslese* mit der höchsten Rangstufe. Ähnlich hoch gewertet wird *Eiswein*, gewonnen aus hochreifen Beeren, die noch am Stock einigen Nachtfrösten ausgesetzt worden sind. Zwar ist die Saftmenge dann gering, aber das Mostgewicht und sein Grad an Kraft und Süße steht dem der Trockenbeerenauslese kaum nach.

Weinlese

Geschichtlicher Überblick

Im 4. Jahrhundert v. Chr. besteht eine feste Uferbesiedlung durch *keltisch-germanische Treverer.*

58—51 v. Chr. *Gaius Julius Cäsar* erobert ganz *Gallien.* Die *Römer* stoßen durch das Moseltal bis zum *Rhein* vor.

Um 15 v. Chr. Gründung der Stadt *Augusta Treverorum* (Trier) unter Kaiser *Augustus.*

8—7 v. Chr. Das Militärlager *Confluentes* wird im Winkel *Moselmündung-Rhein* angelegt; aus ihm entsteht die Stadt *Koblenz.*

70 n. Chr. *Kelten* und *Germanen* erheben sich gemeinsam gegen die Römerherrschaft. Die Schlacht bei *Rigodulum* (*Riol,* gegenüber *Schweich*) entscheidet endgültig zugunsten Roms.

258–262 Die *Franken* dringen moselaufwärts vor und zerstören die Kaiserresidenz *Trier.*

Seit 270 *Trier* ist nördlichstes Bistum und erstes Zentrum der Christenheit nördlich der *Alpen.*

Nach 276 *Franken* werden auf der linken Rheinseite als Verbündete der *Römer* angesiedelt.

285—395 *Trier* ist Residenz des nördlichen Teils des römischen Weltreichs.

Nach 400 Die römische Verwaltung wird im Zurückweichen vor den von Osten her vordringenden *Germanen* an die südliche *Rhone* verlegt.

410 und 430 Die *Franken* zerstören *Trier.*

451 Die *Hunnen* unter *Attila* nehmen auf dem Zug nach *Gallien Trier* ein und zerstören es.

460 Die *Römerherrschaft* im Moselland ist endgültig gebrochen.

Um 500 Das *Moselland* ist Teil des *Frankenreichs.*

870 *Trier* und *Trierer Land* kommen durch Teilung des *Karolingerreiches* an das *ostfränkische* und damit an das spätere *Heilige Römische Reich Deutscher Nation.*

Seit dem 12. Jahrhundert heißt *Treveris Trier.* Es wird als Sitz eines Erzbischofs Metropole einer Kirchenprovinz mit den Bistümern *Metz, Verdun* und *Toul.* Trierer Erzbischöfe werden Kurfürsten und weltliche Herrscher.

1138 Wahl des Hohenstaufers *Konrad III.* zum deutschen Kaiser in *Koblenz.*

Erste Hälfte 14. Jahrhundert Kurfürst *Balduin von Luxemburg* (1307—54), mächtigster unter den trierischen Kirchenherrschern, erweitert den Trierer Kurstaat, der von der *Obermosel* bis über die *Nahe,* tief in die Eifel reicht und auf das rechte Rheinufer übergreift.

1512 *Reichstag in Trier,* einberufen durch Kaiser *Maximilian.*

1618–1648 Der *Dreißigjährige Krieg* bringt dem Moselland unendlich viel Leid durch Belagerungen, Besetzungen und Brandschatzungen durch Truppen beider Seiten.

1687–1689 Fast alle Burgen und Schlösser sowie zahlreiche Klöster im Moselland werden durch *französische Truppen* zerstört.

1388 unter dem Vorsitz *Ludwigs von Bayern* Versammlung der deutschen Fürsten in *Koblenz.*

1697 Der Friede von *Rijswijk* beendet den *Pfälzer Erbfolgekrieg.*

1737 Die französischen Truppen ziehen aus dem Moselland ab.

1794 Der geistliche Feudalstaat *Kurtrier* bricht unter dem Ansturm der *französischen Revolutionsarmee* zusammen. Ende der 800-jährigen Herrschaft des Krummstabes.

1801 Mit dem ganzen linken Rheinufer fällt im *Frieden von Lunéville* das *Moselland* an *Frankreich. Trier* wird Hauptstadt des *Saar-Departements.*

1814 *Preußische* Truppen ziehen ins Moselland ein.

1815 Das gesamte linke Rheinufer fällt an *Preußen.* Das *Moselland* kommt zur *Rheinprovinz* (Hauptstadt *Koblenz*).

1839 *Erstes Dampfschiff* auf der *Mosel.*

1879 Das *Moselland* wird in das Eisenbahnnetz einbezogen (Eröffnung der Strecke *Koblenz—Trier*).

1918–1930 Nach dem *Ersten Weltkrieg* Besetzung durch *amerikanische* und *französische* Truppen.

1945 Nach dem *Zweiten Weltkrieg* wird das hart mitgenommene *Moselland französische Besatzungszone.*

1946 Das *Moselland* kommt zum Bundesland *Rheinland-Pfalz.*

1957–1964 Ausbau der *Mosel* zum *Großschiffahrtsweg.*

1984 *Trier* feiert sein 2000jähriges Stadtjubiläum.

Kunst und Kultur

Das *Moselland* ist eines der an Kunstdenkmälern reichsten Gebiete nördlich der Alpen. Großartige Monumente (*Porta Nigra/Trier*), herrliche Kleinodien, von Meistern des Kunsthandwerks geschaffen, sind uns überliefert und werden in vielen Museen, vornehmlich in *Trier* und in *Koblenz*, sorgsam gehütet. Man kann an dieser Hinterlassenschaft die wechselvolle Geschichte dieses Durchgangslandes zwischen *Gallien* (*Frankreich*) und *Germanien* (*Deutschland*) ablesen. Unauslöschliche Spuren hinterließen die Jahrhunderte *römisch-imperialer* Herrschaft. Die *Franken* der *Karolingerzeit* haben sich in *romanischen* Bauten wie in Teilen des *Trierer Doms* und in der kleinen kreuzförmigen *Kapelle* des ehem. *Nonnenklosters von Trier-Pfalzel* (heute Pfarrkirche) verewigt. Ein rein romanischer Profanbau ist der *Frankenturm* in *Trier*. *Rheinisch-spätromanische* Züge zeigt u. a. die *Martinskapelle* der *Koberner Oberburg*. Den *Bassenheimer Reiter* schuf der berühmte *Naumburger Dombaumeister* (14. Jh.).

Im späten Mittelalter prägt die *Gotik* u. a. die *Trierer Liebfrauenkirche*. Die Epochen der *Renaissance* und des *Barocks* sind vornehmlich in kirchlichen Bauten des 16. und 17. Jahrhunderts vertreten. Hier machte sich der Einfluß des machtvollen *Trierer* weltlich-klerikalen *Kurstaates* noch stärker bemerkbar. Als einer der bedeutendsten Bildhauer, von dem eine Reihe von Werken erhalten ist, gilt der in *Trier* wirkende *Ruprecht Hoffmann*. Die oberfränkischen Meister *Balthasar Neumann* und dessen Schüler *Johann Seitz* schaffen in *Trier* die großartige *Residenz* und die *St.-Paulinus-Kirche*. Das *Palais Kesselstatt* errichtet *J. V. Thomann*. Anfang des 19. Jahrhunderts baut der Koblenzer Architekt *J. C. von Lassaulx* Kirchen *klassizistischen* Stils an der Mosel (in *Güls, Kobern, Treis* und *Valwig*). — Der *Fachwerkbau*, der *fränkischen* Ursprungs ist, hinterließ an der Mosel bewundernswerte Beispiele. Als einer der schönsten unter vielen wohlerhaltenen Fachwerkbauten gilt das *Herrenhaus* der *Grafen Boos von Waldeck* in *Zell-Kaimt*.

Das *Moselland* brachte berühmte Geistesgrößen hervor, als bedeutendste Kardinal *Nikolaus Cusanus* (1401–1464). Er gehört zu den großen Gelehrten seiner Zeit. Im *Cusanus-Stift* seines Geburtsortes *Kues* schuf er sich ein noch heute lebensvolles Denkmal. – *Trier* bekam 1473 seine *Universität*, die über 300 Jahre bestand (1975 wiedergegründet). Zwar hatte sie nie die Bedeutung und den Ruf der großen Universitäten, wies aber einige hervorragende Lehrer auf. *Johannes Trithemius*, Sohn des Mosellandes aus *Trittenheim* (*1512), war mit seinen überragenden naturwissenschaftlichen Erkenntnissen seiner Zeit weit voraus. *Paracelsus* (*1541), der bahnbrechende Arzt und Naturforscher, wurde sein Schüler. Er setzte das Werk seines großen Lehrers fort. *Petrus Mosellanus*, Ende des 15. Jahrhunderts in *Bruttig* geboren, ein anerkannter Humanist, wurde Rektor der berühmten *Universität Leipzig*. Der Weihbischof *Nikolaus von Hontheim*, einer angesehenen *Trierer* Familie entstammend, gehört ebenfalls in die Reihe der großen Söhne des Mosellandes. Nach Studien an den Universitäten *Trier*, *Löwen* und *Leyden* wandte er sich, seinen Zeitgenossen weit vorauseilend, in einer stark angegriffenen Schrift unter dem Decknamen *Justinus Febronius* gegen die absolutistische weltliche Macht und die Auswüchse der Kirche. *Karl Marx*, geboren 1818 in *Trier* im Hause *Brückenstraße* 10 (heute *Karl-Marx-Museum*), gestorben 1883 in London, gehört zu den großen Bewegern der Weltgeschichte. Seine bekanntesten Werke, „Das kommunistische Manifest“ (1848) und „Das Kapital“ (1867) sind noch heute Gegenstand gesellschaftspolitischer Diskussionen.

Diese Männer sind nicht die einzigen Geistesgrößen, die das Moselland hervorbrachte, aber die bedeutendsten.

Der erste Dichter, der Schönheit und Liebreiz des Mosellandes (und seine köstlichen Weine) besang, war der Römer *D. Magnus Ausonius*. In den 500 Verszeilen seiner „Mosella“, 374 auf Wunsch Kaiser *Valentinians* niedergeschrieben, gibt er ein ungemein lebensnahes Bild von der Landschaft und ihren Menschen. Nach ihm haben unzählige Dichter die *Mosel* besungen und beschrieben, Moselaner wie *Stefan Andres* (zuletzt in dem Bildband „Die Mosel“, Greven-Verlag Köln) und andere, die sich in die Mosel und — nicht zuletzt — in ihre beste Gabe, den beschwingenden, nicht beschwerenden Wein, verliebten (*Rudolf G. Binding* „Moselfahrt aus Liebeskummer“).

Reise- und Feriengebiet Moselland

Das Tal der *Mosel* zwischen der *deutsch-luxemburgischen* Grenze bis zur Mündung in den *Rhein* ist der landschaftlich reizvollste, an Sehenswürdigkeiten und geschichtlichen Erinnerungen reichste Teil dieser Flußlandschaft. Die Bahn meidet leider das interessanteste, an Windungen reichste Stück; sie verläßt in *Bullay* die Mosel, sieht man von den Nebenstrecken nach *Traben-Trarbach* und *Bernkastel* ab, und kommt erst wieder bei *Trier* an sie heran.
Das Gebiet ist verkehrsmäßig gut erschlossen und erreichbar. Bahnreisen-

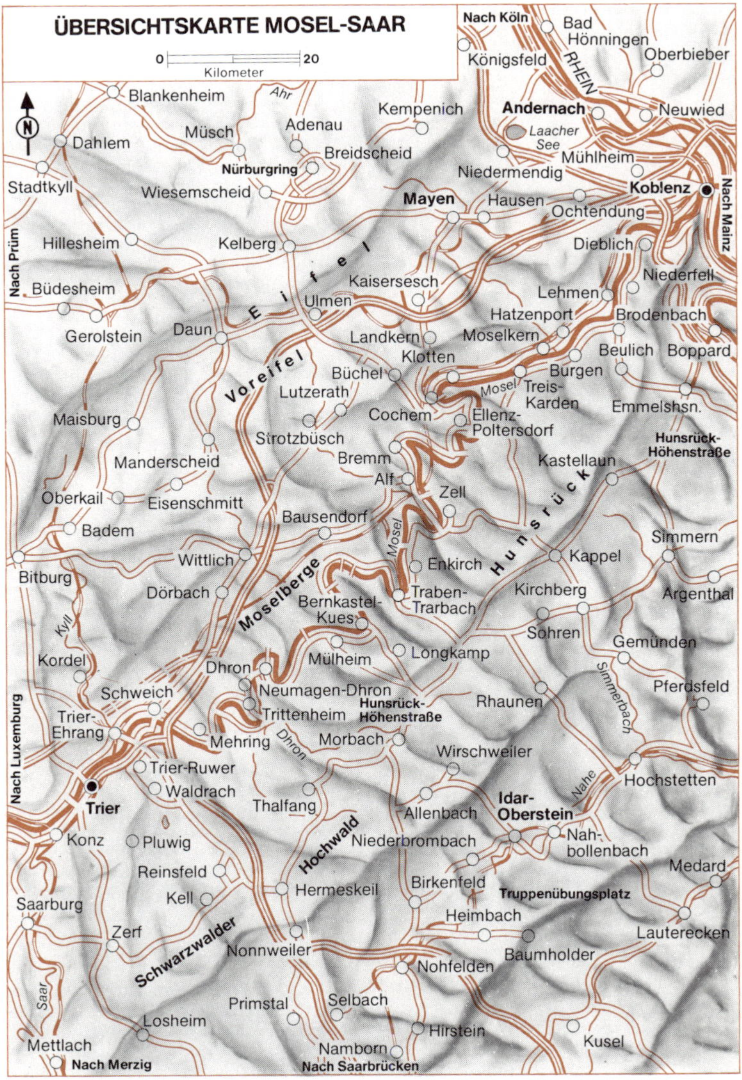

den sei empfohlen, von *Koblenz* bis *Trier* den Schnellzug zu nehmen (knapp 2 Stunden), dann von *Trier* aus moselabwärts auf ein Schiff umzusteigen. Die Wasserstrecke ist doppelt so lang wie die entsprechende Bahnstrecke. Schiffe der Köln-Düsseldorfer Rheinschiffahrts-AG verkehren zwischen *Trier* und *Koblenz*.

Die meisten Moselreisenden werden ihr Auto benutzen. Die *Mosel* entlang sind es von *Koblenz* bis *Trier* insgesamt etwa 200 km.

Vom *Niederrhein* her erreicht man die *Mosel* bei *Cochem* auf der *B 257* (ab *Ulmen 259*) von *Bonn*, auf der *B 266* gelangt man von Remagen durch das *Ahrtal* ebenfalls über *Ulmen* und die *B 259* bei *Cochem* an die Mosel oder über die *Eifelautobahn* nach *Trier* oder direkt zu den Haupt-Mittelmoselorten. Von *Andernach* führt die *B 256* über *Mayen* und *Kaisersesch* nach *Karden* (heute Ortsteil des Doppelortes *Treis-Karden*), *Hatzenport*, *Kobern* an der Untermosel und nach *Cochem*.

Von Süden her benutzt man Stichstraßen durch meist sehr reizvolle Seitentäler von der *Hunsrückhöhenstraße* aus. Ferner führt die *B 269* von *Saarbrücken* über *Birkenfeld* nach *Bernkastel* oder über *Türkismühle—Hermeskeil* durch das *Ruwertal* nach *Trier* (*B 52*) oder die *B 268* von *Saarbrücken* über *Losheim—Zerf* nach *Trier*. Schließlich fährt man von *Saarbrücken* durch das *Saartal* links auf der *B 406*, rechts über *Merzig—Saarburg* auf der *B 51* nach *Trier*.

Vorzügliche Bundesstraßen verbinden, abgesehen von einigen kleineren Stükken, sowohl auf dem linken als auch auf dem rechten Moselufer *Koblenz* mit *Trier*. Jeder, auch der kleinste Ort, hat mindestens einmal täglich Omnibusverbindung nach *Koblenz* oder *Trier*. Buslinien führen auf gut ausgebauten, landschaftlich schönen Strecken von vielen Moselorten aus hinauf in die *Eifel* und in den *Hunsrück*. Brücken, vereinzelt noch Fähren, verbinden die beiden Ufer miteinander.

Dank des 1964 abgeschlossenen *Moselausbaus* verkehren nun den ganzen Sommer über – von Mitte Mai bis Mitte Oktober – moderne Kabinenschiffe der *Köln-Düsseldorfer-Rheinschiffahrts-AG* zwischen *Koblenz* und *Trier*. Doch braucht man zwei oder drei Tage, um die 200 Flußkilometer zwischen *Koblenz* und *Trier* mit dem Schiff zurückzulegen. Es liegen ja nicht nur die neun Schleusen dazwischen, sondern viele Orte, an denen nur vorüberzugleiten viel zu schade wäre. Der Fahrpreis mit Übernachtung und Vollpension beträgt 555–750 DM. Der Fahrpreis für eine Schiffsreise auf der Untermosel *Koblenz-Cochem* beträgt zur Zeit DM 29,– (Kinder bis zu 14 Jahren zahlen die Hälfte), hin und zurück DM 42,60 (verbilligter Tagesausflugs-Rückfahrpreis DM 30,80).

Die Moselschiffahrt mit großen Europaschiffen kam erst zustande, nachdem dank der deutsch-französischen Zusammenarbeit der Ausbau zu einem internationalen Schiffahrtsweg erfolgte. In 14 Stufen, 2 auf französischem, 2 auf luxemburgischem, die übrigen 10 auf bundesdeutschem Gebiet, bändigte man die 90 m Gefälle auf der 270 km langen Strecke *Thionville* (*Diedenhofen*)*-Koblenz*. Die gemeinschaftlich investierten 780 Millionen DM ermöglichen einen Verkehr von Schiffen bis zu 1500 Tonnen. Viele Massengüter zwischen den oben genannten drei Ländern werden nun auf dem Wasserweg befördert.

Durch ihren breiten, beständigen Wasserspiegel ist die *Mosel* nur schöner geworden. Ihr Ausbau vermochte zwar die häufigen verheerenden Überschwemmungen nicht zu beseitigen, andererseits gibt es aber nun keine Dürreperioden mehr. Klimatisch wirkt sich das gestaute Wasser vor allem für die Reben zum Segen aus.

Den größten Genuß bereitet diese Flußlandschaft zweifellos den sie zu Wasser Durchwandernden. Für eine geruhsame Fahrt auf der Strecke *Trier – Koblenz* sollte man nicht weniger als vier bis fünf Tage einplanen. In den Staustufen sind Sonderschleusen für Sportboote eingelassen, die man schnell passieren kann.

Wer Freude am Wandern hat, findet überall reichlich Gelegenheit hierzu. Es gibt keinen Ort, der seinen Gästen nicht lohnende Touren und Wege offeriert (*Auskunft über die örtlichen Verkehrsämter oder -vereine*). Besonders reizvoll sind Fußwanderungen durch die wildromantischen Seitentäler. Die *Moselhöhenwege* — Markierung: weißes M — bieten auf beiden Ufern lohnende Wanderungen zu moselnahen Höhen, in die *Eifel* oder auf den *Hunsrück*. Um die ganze Strecke *Koblenz—Trier* zu Fuß zurückzulegen, muß man mindestens sechs Tage ansetzen (bei etwa 6 bis 7 Stunden Tagespensum). Auch Radwanderungen werden angeboten.

*Koblenz

Koblenz (65–382 m, 111 000 Einw.) ist Sitz der *Bezirksregierung Koblenz* in dem nach dem Kriege gegründeten Bundesland *Rheinland-Pfalz*.

Die nach erheblicher Zerstörung im letzten Weltkrieg wiedererstandene Stadt liegt mit ihrem historischen und modernen Kern im südlichen Winkel *Moselmündung/Rhein*. Hier schieben die nördlichsten Ausläufer des *Hunsrücks* eine spitzwinklige Talsohle zwischen *Rhein* und *Mosel* vor. Diese topographisch bevorzugte Lage verlockte früh, sicher schon lange vor Beginn der Römerzeit, zu Besiedlung und vielfältiger Nutzung. Über sieben Brücken, die *Rhein* und *Mosel* überspannen, führen heute internationale Bahnlinien und Fernstraßen in diesen Raum. Im Sommer ist Koblenz Hauptumsteigeplatz für die Personenschiffahrt vom *Rhein* zur *Mosel* (*Trier*). In Koblenz-Winningen ist ein Verkehrslandeplatz.

Die Güterschiffahrt auf dem *Rhein* und auf der in den 60er Jahren schiffbar gemachten *Mosel* mit Anschluß nach Innerfrankreich spielte seit je eine Rolle im Wirtschaftsleben der rührigen Stadt. Ein hochmoderner *Rheinhafen* bedient sie. Manche Industrie- und Gewerbezweige, darunter einige Großbetriebe, wählten Koblenz als günstigen Standort. Vor allem dank des hier schon beginnenden Moselweinbaus sind Wein- und Sektkellereien und Weinhandlungen hier ansässig.

Wegen Raummangels ist die Stadt längst über ihren Vorkriegs-Außenring hinausgewachsen und dringt in die Umgebung, vor allem in den nördlichen Winkel der Moselmündung, vor. Einige wichtige Bundesbehörden haben ihren Amtssitz in der Rhein-Mosel-Metropole. Wie schon zur Römerzeit, ist sie auch heute Standort einer der größten Garnisonen. Am 1. Juli 1962 wurde Koblenz, dessen Einwohnerzahl hunderttausend erreicht hatte, Großstadt.

Die alte Stadt beherbergt Kultur- und Bildungsstätten teils alter Tradition. Das 1787 erbaute und 1985 renovierte *Stadttheater* ist die älteste noch bestehende Bühne Westdeutschlands; fast gleich alt ist die *Stadtbibliothek*, sehenswert die stadtgeschichtliche Abteilung des *Mittelrhein-Museums* und die *Wehrtechnische Studiensammlung*. *Bundesarchiv* und *Landeshauptarchiv* sind in Koblenz untergebracht. Die *Fachhochschule Rheinland-Pfalz – Abt. Koblenz*, eine *Erziehungswissenschaftliche Hochschule* und eine *Wissenschaftliche Hochschule für Unternehmensführung* gehören neben *Berufsfachschulen* zu den Bildungseinrichtungen der Stadt.

Die Rhein-Mosel-Metropole ist das Tor zum romantisch-malerischen *Weinland der Mosel* und zu den westdeutschen Mittelgebirgen *Hunsrück*, *Eifel* und *Westerwald*. Letztere reichen mit ihren Ausläufern bis in das Weichbild der Stadt hinein.

GESCHICHTE

Der Landwinkel zwischen *Rhein* und *Mosel* eignete sich ursprünglich nicht sonderlich für eine Ansiedlung. Es war sumpfiges Schwemmland und wurde häufig vom Hochwasser beider Flüsse überflutet. Daher hausten die *Treverer* hier auf den nahen Höhen. Die Besiedlung des Talgrundes begann erst durch die *Römer*. Nach dem Untergang der drei Legionen des *Varus* in der *Schlacht im Teutoburger Wald* (9 v. Chr.) entstand zur Abwehr eines erwarteten Durchbruchs der *Germanen* nach Westen und ihres Überschreitens des *Rheins* im Winkel zwischen *Rhein* und *Mosel* das Kastell „Apud Confluentes“, zu deutsch: „An den Zusammenfließenden“. Daraus wurde schließlich lateinisch-deutsch: *Koblenz*.

An dieser verkehrsmäßig so wichtigen Stelle führte die Heerstraße *Mainz* (Moguntiacum)—*Köln* (Colonia Claudia Ara Agrippinensis) über die *Mosel*. *Drusus* hatte den Platz mit geschultem Sinn für strategisch wichtige Punkte gut gewählt: hier war der Kreuzungspunkt zweier großer Wasserwege, idealer Verkehrsstraßen. Hart oberhalb mündete auf dem anderen Ufer die *Lahn* in den *Rhein*. Die später gebaute *Alte Moselbrücke* hat noch Fundamente aus *römischer* Zeit. Schon zur Regierungszeit Kaiser *Tiberius*' bestand ein Erdkastell zur Sicherung dieses Raumes. Aus der Militärsiedlung entstand die Römerstadt.

Nach dem Fall des rechtsrheinischen „Limes", des *römischen* Grenzwalles gegen die *Germanen*, wird aus dem Platz der „Confluentes" eine römische Grenzstadt, umgürtet mit Mauern und Türmen. Ihre Bewohner sind die starke Garnison, Beamte, Kaufleute und Handwerker. Mit dem Ende der Römerherrschaft im 5. Jahrhundert überschreiten *fränkische* Stämme den *Rhein. Koblenz*, zunächst von den neuen Herren zerstört, wird *fränkische Königspfalz*. Die Entwicklung stagniert; noch um 585 ist Koblenz zu unbedeutend, um eine königliche Gesandtschaft zu beherbergen. Erst als *Karl der Große* 807 hier Gericht abhält, wachsen langsam Ansehen und Größe der Stadt. Auf Fürstentagen und Versammlungen werden wichtige Beschlüsse gefaßt; mehrmals entscheidet sich Lothringens Schicksal in Koblenz.

Erzbischof *Hetti von Trier* weiht 836 den Urbau der *St.-Kastor-Kirche* ein, die später — um 1200 — in den reifen Formen *rheinisch-romanischer* Architektur zu Ehren des Märtyrers *Castor* hier entsteht. Der Heiliggesprochene gehörte jener ägyptischen Legion an, die Kaiser *Maximilianus* um 300 zur Unterdrückung von Christengemeinden im Rhein-Maasgebiet eingesetzt hatte. Die Truppe meuterte, wurde dezimiert; ihre Offiziere, darunter *Castor*, starben den Märtyrertod. In den ersten Jahrhunderten des mittelalterlichen Kaiserreiches dient *St. Kastor* verschiedentlich als Treffpunkt deutscher Könige und Fürsten, im Jahre 842 finden hier Vorverhandlungen zum *Vertrag von Verdun* (843, Teilung des *Fränkischen Reiches* in *Westliches, Östliches* und *Mittel-Reich*) statt.

Kaiser *Heinrich II.* schenkt den *Königshof Koblenz* und die *Burg Ehrenbreitstein* im Jahre 1018 dem *Erzstift Trier* unter *Poppo*. Seitdem ist Koblenz zweite Residenz der *Erzbischöfe* und *Kurfürsten von Trier*. Sie suchen als neue Landesherren Ansehen und Wohlstand der Stadt zu heben. 1138 findet hier die Kaiserwahl statt; durch sie kommt mit *Konrad III. von Hohenstaufen* die Kaiserkrone für Jahrhunderte an dieses schwäbische Haus. 1216 errichtet der *Deutsche Ritterorden* nahe der *St.-Kastor-Kirche* seine Komturei. Von diesem Zeitpunkt an heißt der Winkel Moselmündung/Rhein „Deutsches Eck". Im 13. Jahrhundert befestigt die selbstbewußt gewordene Bürgerschaft im Gegensatz zum kurtrierischen Landesfürsten die inzwischen erweiterte Stadt mit starken Mauern und Türmen. Zur Festigung seiner Macht läßt Erzbischof *Heinrich von Vinstingen* über dem alten Stadtsitz der Familie *von Arken* am rechten Moselufer eine starke Burg aufführen.

Balduin von Luxemburg, bedeutendster Herrscher des Trierer geistlichen Staates, wählt Koblenz als Lieblingsaufenthalt. Von seiner Residenz, der Burg an der Mosel, aus beeinflußt er spürbar die Politik des Reiches. In *Rhens*, nahe bei Koblenz, erzwingt er die Wahl seines Bruders *Heinrich* zum deutschen Kaiser. Unter *Balduins* Regierung halten die deutschen Fürsten eine glänzende Versammlung in Koblenz ab, zu der König *Eduard von England* erscheint, um eine Unterstützung gegen *Frankreich* zu erreichen.

Balduin, dem viel am wirtschaftlichen Aufstieg seines mit eiserner Hand regierten Kurstaates liegt, läßt 1343 mit dem Bau der heute noch benutzten *Balduin-Brücke*, die in 14 Bogen die *Mosel* überspannt, beginnen. Früh erhält Koblenz das Stapelrecht für alle Güter, die seine Ufer passieren. Seine Handelshäuser und Kaufleute besitzen — vor allem infolge der günstigen Wasserstraßen — enge Geschäftsverbindungen nach *Frankreich* über die *Mosel*, mehr jedoch über den weit besser schiffbaren *Rhein* nach den *Niederlanden*. Aus ihrer fast zweitausendjährigen Geschichte besitzt die Rhein-Moselstadt noch viele ansehnliche historische Denkmäler. Sie bietet mit den vielen Türmen ihrer Kirchen und anderer Bauten auch heute noch das Bild einer interessanten Stadt.

Die Stifte *St. Kastor* und *St. Florin* haben weithin Einfluß. Auch die *Dominikaner*, die sich hier niederlassen, verstehen, sich Ansehen zu verschaffen. Die *Gegenreformation* mit ihren Wirren bleibt den Koblenzern erspart. Der Kurfürst sichert sich um diese Zeit die geistliche Hilfe der *Jesuiten*, die er hierher ruft. Der *Dreißigjährige Krieg* hinterläßt mit seinen hin- und herwogenden Kämpfen tiefe Spuren am Deutschen Eck. *Franzosen* und *Schweden*, *Kaiserliche* und *Spanier* belagern, stürmen, erobern und besetzen die Stadt. Der Kurfürst jener wilden Zeit, *Philipp von Soetern*, übergibt die starke Feste *Ehrenbreitstein* kampflos den *Franzosen*. Nach Eroberung durch *Jan v. Werth* erhält Kurtrier sie 1649 zurück. 1688 stehen erneut Franzosen, dieses Mal von *Ludwig XIV.* zur Eroberung des *Mosel-* und *Rheinlandes* ausgesandt, vor der gut bewehrten Stadt. Koblenz einzunehmen, gelingt ihnen nicht, aber von der Stadt steht schließlich nur noch knapp ein Drittel. Wieder einmal machen die Koblenzer sich an den Aufbau. Es ist die Zeit des *Barocks*, die heute noch so prächtige, von ersten Architekten errichtete Gebäude wie das *Jesuitenkolleg* (jetzt *Rathaus*), repräsentieren. Außerhalb der damaligen Stadt läßt *Clemens Wenzeslaus*, der letzte Trierer Kurfürst, nahe dem *Rhein* durch den französischen Baumeister *Peyre* seine neue *Residenz* erbauen. 1777–1786 entsteht dieser reinste und größte *klassizistische* Bau am *Mittelrhein*. Von nun an wird aus der ursprünglich mehr der Moselmündung zugewandten Stadt auch eine *Rheinstadt*. Das Jahr 1789 bringt nach der größten Blütezeit dieser Metropole während des Bestehens Kurtriers die Wende. Emigranten aus *Frankreich* machen aus Koblenz ein *Klein-Paris*. Die Jahre des Aufschwungs in Handel, Gewerbe und im kulturell-geistigen Leben sind gezählt. General *Marceau* mit seiner französischen Revolutionsarmee rückt an, läßt die Stadt beschießen und zieht 1794 als Sieger ein. Damit ist aller Glanz einer fürstlichen Residenzstadt vorbei. Koblenz und das ganze linke Rheinufer werden *französisches Departement*. 1806 ordnet *Napoleon* die Gründung einer *Universität* an. 1814 ist auch diese französische Zwischenzeit vorüber. Das *Rheinland* wird *preußisch*, *Koblenz* Sitz der Regierung der *Rheinprovinz* (bis 1945), Residenz des Gouverneurs und des kommandierenden Generals. Die von den *Franzosen* zerstörte Feste *Ehrenbreitstein* wird stärkste *preußische* Festung im Westen. Auch Koblenz erhält Befestigungen. Der spätere Deutsche Kaiser *Wilhelm I.* und seine Gemahlin *Augusta* residieren im ehemaligen kurfürstlichen Schloß. Um die Jahrhundertwende werden die Mauern und Türme beseitigt. Nutzlos geworden, machen sie nun den Weg frei für die Ausdehnung der Stadt zum *Moseltal* hin und nordwärts am *Rhein* entlang. Der *Erste Weltkrieg*, mehr noch der *Zweite*, machen aus der Festungs- und Verwaltungsstadt, in der zuvor höchstens der Handel eine Rolle spielte, einen Platz für *Industrieansiedlung* in größerem Maßstab. Mehr noch als früher wird Koblenz *Metropole des Verkehrs* zum mittelrheinischen Raum hin, was der zunehmenden *Touristik* sehr zugute kommt. 1835 erscheint in Koblenz *Baedekers erstes Reisehandbuch* „Die Rheinreise".

BEDEUTENDE KOBLENZER

Klemens Wenzeslaus Lothar Nepomuk Fürst von Metternich-Winneburg, aus altem moselländischen Adel, wurde 1773 im *Familien-Stadthaus* zu *Koblenz* geboren. Als österreichischer Staatsmann, Außenminister und Staatskanzler war er ein unerbittlicher Gegner *Napoleons I.* Er bestimmte maßgebend den Ausgang des *Wiener Friedenskongresses* und wirkte mit bei der Gründung der „Heiligen Allianz", des ersten Versuchs eines europäischen Zusammenschlusses. Sein Werk war auch das Zustandekommen des *Deutschen Bundes*, in dem *Österreich* eine Vormachtstellung erlangte. Seine heftige Abneigung gegen jede revolutionäre Bestrebung zwang ihn 1848 zum Rücktritt. Der große Moselaner starb 1859.

Maria Magdalene van Beethoven, geboren 1746 im kurfürstlichen Schloß zu *Ehrenbreitstein* als Tochter des „Oberhofkochs des Kurfürstlich Trierischen Küchenwesens" *Heinrich Kewerich*, heiratete in zweiter Ehe 1767 den Bonner Hoftenoristen und Weinhändler *Johann van Beethoven*. Ihr am 16. Dezember 1770 geborener Sohn, *Ludwig van Beethoven*, ist der berühmte Komponist unsterblicher klassischer Musikwerke.

Clemens Maria von Brentano, 1778 in *Ehrenbreitstein* geboren († 1842 in *Aschaffenburg*), war ein Patenkind des letzten Kurfürsten von *Trier*, *Clemens Wenzeslaus*. *Frau Rath Goethe*, mit der Familie *Brentano* befreundet, erreichte es, daß er studieren konnte. Mit *Achim von Arnim* und *Josef von Görres*, seinem Koblenzer Landsmann, gab er die Volksliedersammlung „Des Knaben Wunderhorn" heraus. Seine Dichtung „Rheinmärchen" und das Gedicht von der „Rheinnixe auf der Loreley" leben bis in unsere Tage fort.

Joseph von Görres, 1776 in *Koblenz* als Sohn eines Holzhändlers geboren († 1848), war erbitterter Gegner *Napoleons I.*, ein Eiferer für Freiheit und deutsche Art. Mit dem *Freiherrn von und zum Stein* kämpfte Görres um eine freiheitliche Verfassung für das deutsche Volk. Diesem Kampf diente auch der von ihm gegründete „Rheinische Merkur". Von *Preußen* verfolgt, floh er nach *Straßburg*. König *Ludwig I. von Bayern* berief ihn als Hochschullehrer nach *München*. Er gilt als Schöpfer der modernen politischen Zeitung.

RUNDGANG

Am besten unterteilt man den Rundgang in zwei Routen: Von der *Schiffsanlegestelle* am *Rhein* und vom *Hauptbahnhof* aus (je eine Stunde).

Deutsches Eck. Der spitze Winkel, den *Moselmündung* und *Rhein* bilden, heißt, seit der *Deutsche Ritterorden* hier seine erste Niederlassung auf deutschem Boden errichtete (1216), *Deutsches Eck*. Hinter den Resten der alten Stadtmauer steht noch der „Hohe Rheinflügel", das

Deutschherrenhaus [1], mit dem schwarzen Balkenkreuz auf hellem Giebelfeld.

Das monumentale *Denkmal Kaiser Wilhelms I.* auf der Pfeilerhalle, von der *Rheinprovinz* 1893 bis 1897 errichtet, wurde im letzten Krieg so stark beschädigt, daß man es herunternahm. Sein Unterbau wurde 1953 zum

Mahnmal der deutschen Einheit [2] erklärt. An seinen Säulen sind die Wappen der einzelnen Bundesländer und Berlins, an den Eckpfeilern Wappentafeln und Namen der verlorenen Ostgebiete angebracht. Bundespräsident Professor *Heuss* weihte es am 18. Mai 1953 in Gegenwart von Vertretern aller deutschen Landsmannschaften ein.

Am Moselufer entlang kommen wir links zum nach der *Mosel* hin offenen *Kastorhof*. Mitten auf diesem Platz steht ein historischer Brunnen mit der Inschrift (französisch): „Im Jahre 1812 zum Andenken an den Feldzug gegen Rußland unter dem Präfekten Doazan [errichtet]." Darunter: „Gesehen und genehmigt durch den russischen Stadtkommandanten von Koblenz am 1. Januar 1814."

An der Ostseite die 836 geweihte

***St.-Kastor-Kirche** [3], eine dreischiffige romanische Basilika (erweitert 1150 bis 1209) mit zwei fast überhohen Westtürmen und zwei zierlichen Osttürmen. Das Innere hat ein spätgotisches Netz-

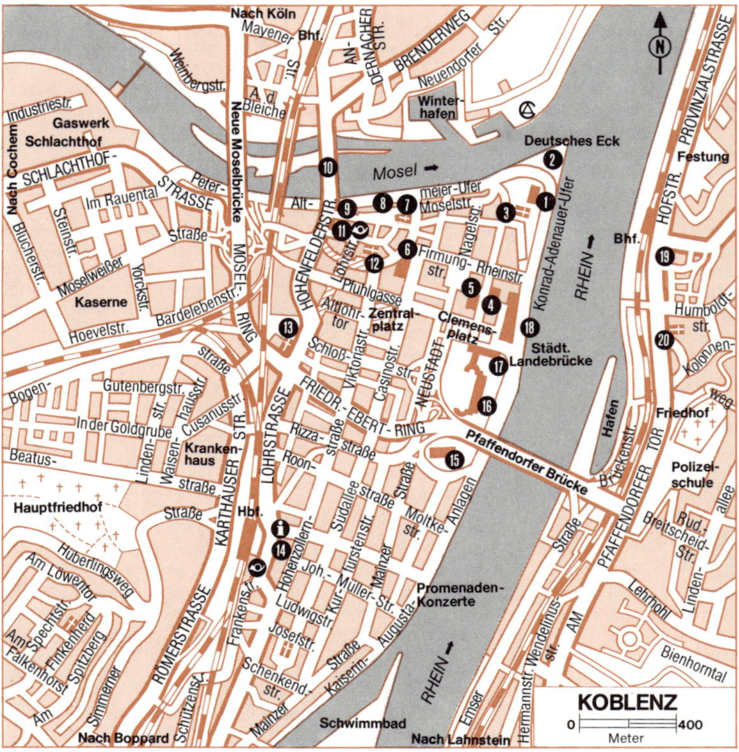

St. Kastor

gewölbe, das auf romanischen Pfeilern ruht, und einen spätromanischen Chor. Die Kastor-Kirche birgt Grabdenkmäler Trierer Erzbischöfe und adeliger Geschlechter. Am Altar des Nordschiffes steht der Sarkophag der *seligen Rizza*, einer Tochter *Ludwigs des Frommen.*

An der Südseite des *Kastorplatzes* stehen in der *Kastorpfaffenstraße* und ihrer Fortsetzung die Bauten des

Landeshauptarchivs [4] und des **Justizhochhauses** [5].

Am Görresplatz vorbei kommen wir zum

Jesuitenplatz [6]. Hier liegt das *Rathaus*, erbaut 1695 als *Kolleg der Jesuiten*, die als Hort der *Gegenreformation* vom damaligen Kurfürsten nach Koblenz gerufen worden waren. Der Bau ist eine reizvolle Mischung aus Gotik, Renaissance und Barock. Das Treppenhaus ziert eine interessante Deckenmalerei. Auf dem Platz stehen der hübsche *Brunnen* des „Kowelenzer Schängel", des Koblenzer Lausbuben, und das *Denkmal* des 1801 in Koblenz geborenen Physiologen *Johannes Müller*. Er machte sich einen Namen als Universitätsprofessor und Lehrer auch in drei weiteren Wissenschaftszweigen: Anatomie, Zoologie und Entwicklungsgeschichte.

Zurück durch den Bogen passieren wir rechts das Portal der wiederhergestellten *Jesuitenkirche*, gehen erst nach links bis zur *Jesuitengasse*, dann rechts bis zur nächsten Straße links. Hier steht das stattliche *Zunfthaus der Krämer* (1709), auf der linken Straßenseite das ehemalige *Gericht des Kurstaates Trier*, heute *Pfarramt* von *Liebfrauen.* Rechts der Straße, mit Front zum Florinsmarkt, die evangelische

Florinskirche [7]. Die romanische Pfeilerbasilika war ehemals eine Stiftskirche, errichtet im 11. Jahrhundert auf *römischen* Fundamenten. Links neben ihr führt ein schmaler Zugang zum Innenhof mit ehemaligem an die Kirche gelehnten *Kapitelhaus des Stiftes* aus dem 13. Jahrhundert. Hier wirkte Kardinal *Nikolaus von Kues*, die bedeutendste geistesgeschichtliche Persönlichkeit in der moselländischen Geschichte, als Dekan. Dieser Kapitelbau ist das älteste in Koblenz erhaltene Wohnhaus.

Die Nordseite des Platzes beherrscht das *Alte Kaufhaus* mit dem

Schöffenhaus [8], ursprünglich aus dem 15. und 16. Jahrhundert stammend, nach der letzten Zerstörung wieder aufgebaut. Die Gebäudefront ziert eine interessante *Kunstuhr*. Das **Mittelrhein-Museum* der Stadt fand hier eine würdige Unterbringung. Daneben steht einer der alten Patrizier-Stadtsitze, der *Bürresheimer Hof*. Über den Platz, vorbei am Fachwerkhaus *Zum Hubertus*, kommt man durch die *Burgstraße* zur

Alten Burg [9], erbaut vom Kurfürsten *Heinrich von Vinstingen* (1276–89) zum Schutz gegen die aufbegehrenden Bürger. Zwei Türme flankieren den ruhig gegliederten Bau, in dem Kurfürst *Lothar von Metternich* gern wohnte. Er gründete hier 1609 die *Katholische Liga* als Bund gegen die *Protestantische Union.* Gegenwärtig ist die *Stadtbibliothek* mit dem Stadtarchiv in dem gut restaurierten Gebäude untergebracht.

Neben der Burg führt ein Aufgang auf die über die Mosel führende

Balduinbrücke [10], vom großen Kurtrier-Landesfürsten *Balduin von Luxemburg* ab 1343 erbaut. Sie überspannt mit 7 Bogen aus dunklem bei *Winningen* gebrochenen Basalt und einer Spann-

Alte Burg

betonbrücke den hier ziemlich breiten Fluß. Fünfeinhalb Jahrhunderte dient sie nun schon dem Verkehr. Von der Brückenmitte aus bietet sich ein guter Blick auf die Moselfront der Stadt und auf den Stadtteil *Lützel.* Zwei weitere Brücken, eine für die Eisenbahn und stromaufwärts die neue für den Straßenverkehr, überspannen die Mosel. Westlich davon staut die unterste Staustufe der Moselkanalisierung mit Wehr, Kraftwerk und Schleusen den Strom. Eine dritte Moselbrücke ist im Bau.

Von der Balduinbrücke wieder stadteinwärts gehend, durchschreitet man rechts einen großen Bogen mit Fresken von *Straube* und kommt zum

Münzplatz [11]. In der Mitte steht die *Kurfürstliche Münze,* rechts *Haus Metternich,* in dem der große Fürstkanzler Österreichs zur Welt kam. Links geht es zur

Liebfrauenkirche [12], deren Langschiff und Türme auf das 12., der Chor auf das 15. Jahrhundert zurückgehen. Sie war Pfarr- und Ratskirche zugleich. In den Türmen bewahrte der Rat sein „bestes Besitztum, Urkunden und Geldschätze", auf. Ihre Doppelzwiebelhelme prägen das Stadtbild.

Eine Treppe führt rechts an der Kirche vorbei zum *Plan* mit alten *Stadt- und Bürgerhäusern.* Die ehemalige *Feuerwache* diente im 18. und 19. Jahrhundert als *Rathaus.* Der anschließende *Altengraben* mit der Straßenkreuzung *Vier Türme* ist Fußgängerzone (Eckhäuser mit Erkern und altersbraunen, reich geschnitzten Spitzgiebeln; nach dem verheerenden Bombardement durch Truppen *Ludwigs XIV.* im Jahre 1688 haben reiche Bürger sie erbaut). Der stark belebte Straßenzug im Halbrund von der *Kornpforte* über *Kornpfortstraße – Entenpfuhl – Plan – Altengraben* umschließt das älteste Koblenz, den schon in *römischer* Zeit entstandenen Altstadtteil.

Von der *Vier-Türme-Ecke* folgt man links der *Löhrstraße,* einem Hauptgeschäftszug (Fußgängerzone), zur

Herz-Jesu-Kirche [13], erbaut in den ersten Jahren dieses Jahrhunderts. Von ihr führt der *Friedrich-Ebert-Ring* zum *Rhein,* zur *Pfaffendorfer Brücke* und zu den rechtsrheinischen Stadtteilen von Koblenz. An diesem breiten Ring liegen das *Eichendorff-Gymnasium,* die *Oberpostdirektion* (mit dem *Mittelrheinischen Postmuseum*), die *Kreisverwaltung Mayen-Koblenz* und das *Max-von-Laue-Gymnasium,* ferner die evangelische *Christuskirche* (1904 erbaut) und eine Reihe moderner Bürohäuser. Durch die *Hohenzollern-* und *Emil-Schüller-Straße* erreicht man den *Bundesbahnhof* und den *Omnibusbahnhof.* Hier befindet sich der

Pavillon des Fremdenverkehrsamtes der Stadt Koblenz [14].

Der große *Hauptbahnhofsvorplatz* wird links durch das *Hochhaus* in rotem Klinker, rechts durch die *Hauptpost,* gegenüber vom *Bürohaus* des *Rheinland-Pfälzischen Sport-Totos* abgeschlossen. Vom Verkehrspavillon gelangt man über den *Markenbildchenweg* zu den gepflegten *Rheinanlagen.*

In den Rheinanlagen geht es links weiter zur *Rheinbrücke.* Durch die Bogen der Brücke sieht man das *Görres-Denkmal.* Geht man, am

Weindorf [15] mit seiner abends besonders weinseligen Atmosphäre vorbei. über die breite Treppe der *Rhein-Moselhalle* und unterquert dann die Brücke, so steht man vor der breiten Front des unter *Clemens Wenzeslaus,* dem letzten Kurfürsten, 1780–1786 erbauten

Schlosses [16]. Diese durch ihre klaren klassizistischen Linien formschöne Residenz erstand nach schlimmer Kriegszerstörung in neuem Glanz, der noch betont wird durch den schönen, wohlgepflegten *Park.* 1850–1858 diente sie dem späteren Kaiser *Wilhelm I.* und seiner Gemahlin *Augusta* während seiner Amtszeit als Militärgouverneur des Rheinlandes als Wohnsitz. Auf das *Schloßrondell* mit seinen zwei Springbrunnen läuft die *Schloßstraße* zu, nach dem Wiederaufbau heute eine moderne Geschäftsstraße. Auf der linken Seite die *Landeszentralbank, Stammhaus Deinhard* (Sekt) und das 1787 als

Kurfürstliches Schloß

Hoftheater erbaute *Stadttheater*. Am *Clemensplatz*, der die Neustadt abschließt, kommt man, rechts der *Stresemannstraße* zum *Rhein* folgend, an dem im Stil dem anschließenden *Schloß* angepaßten

Bau der Bezirksregierung Koblenz [17] vorbei, an den Strom. Rheinabwärts liegt, gegenüber dem alten

Kranhaus von 1611 [18], das *Bundesbürohaus*.

Nun bietet sich ein Besuch des gegenüberliegenden Stadtteils *Ehrenbreitstein* und der äußerst sehenswerten *Festung* an. Man setzt mit einem Motorboot über und hat nach Passieren der Unterführung, dem Bahnhof gegenüber, das

kurfürstliche Regierungsgebäude [19] vor sich, das *Balthasar Neumann* 1739 bis 1749 erbaute. Daneben steht der *Marstall*, 1762 nach dem Entwurf *Johann Seitz'*, eines Schülers *Neumanns*, aufgeführt. In den schmalen Gassen des Ortsinnern stehen noch einige schöne alte Häuser. Die

Kapuzinerkirche [20], 1656 erbaut, birgt drei Barockaltäre von *Johann Seitz* aus der Mitte des 18. Jahrhunderts.

Es gibt drei Wege zur

Festung Ehrenbreitstein: den Sessellift, den Fahrweg und einen Fußweg. Den Aufgang schützt eine Festungspforte des Baumeisters *Sebastiani* (1690–1692). Als erster ließ *Erembert*, Fürst aus *konradinischem* Haus, auf dem markanten Felsen eine Burg anlegen. Aus *Ehrenbrechtstein* machte der Volksmund später *Ehrenbreitstein*. Erzbischof *Hillin von Trier* (1152–1169) erweiterte und verstärkte die Befestigungen. Durch ihre Lage und die der Zeit angepaßten Erweiterungen entstand hier die stärkste Festung des alten deutschen Kaiserreiches. Sie wurde nie im Sturm genommen; nur durch Aushungerung und politische Ereignisse konnte man ihre Insassen zur Übergabe der Festung zwingen. Die *Franzosen* sprengten sie 1801. *Preußen*, das durch den *Wiener Kongreß* (1814) in den Besitz des *Rheinlandes* kam, ließ die Festung von 1816 an in elfjähriger Bauzeit in der jetzigen Gestalt instandsetzen und wesentlich verstärken.

Von der rheinseitigen Mauerbrüstung hat man einen großartigen Blick über das *Deutsche Eck*, die ganze untere *Mosel* bis hin zur fruchtbaren Landschaft des vulkanischen *Maifeldes* sowie auch rheinaufwärts. Schon wegen dieser Aussicht lohnt der Besuch der

Festung Ehrenbreitstein

gut erhaltenen, militärisch heute wertlosen, imponierenden Anlage. Ihre geräumigen Kasematten beherbergen das *Filmarchiv* sowie das *Landes- und Rhein-Museum*. Eine große Jugendherberge erfreut sich unter das Koblenzer Gebiet bereisenden jungen Menschen großer Beliebtheit. Am bequemsten erreicht man die Feste über die *Sesselbahn* (Talstation durch einen im letzten Krieg zum Luftschutz gebohrten Felsentunnel). Den stärksten Eindruck hat man vom Ehrenbreitstein, wenn man ihn im Bann des Riesenfeuerwerks „Rhein in Flammen" erlebt, das jedes Jahr am zweiten Samstag im August Tausende von Zuschauern hierhin lockt.

Besonders empfehlenswerte Wanderungen: 1. Über den ***Rheinhöhenweg*** in südlicher Richtung nach ***Boppard*** ($6^1/_4$ Stunden). 2. Über den ***Moselhöhenweg*** in südwestlicher Richtung nach ***Brodenbach*** ($5/^1_4$ Stunden).

i Fremdenverkehrsamt. Pavillon gegenüber dem Hauptbahnhof.

DB-Hauptstrecken Köln–Mainz–Frankfurt–Süddeutschland, Koblenz–Trier, Koblenz–Gießen.

✈ Verkehrslandeplatz Koblenz-Winningen.

nach allen Richtungen; Omnibusbahnhof am Bahnhofsvorplatz.

Rhein- und Moselschiffahrt (Sommerfahrpläne der Köln-Düsseldorfer Rheinschiffahrts-AG) und Lokalschiffahrt.

Im Nordwinkel der Mosel-Rhein-Mündung, gegenüber dem Deutschen Eck.

auf dem Ehrenbreitstein.

Sessellift auf den Ehrenbreitstein.

„Scandic Crown Hotel", „Brenner", „Diehl's Hotel Rheinterrasse" (Ehrenbreitstein).

„Kleiner Riesen", „Hamm", „Union-Victoria", „Höhmann", „Pfälzer Hof".

„Trierer Hof", „Kornpforte", „Römerbrunnen", „Rehling".

Trier (125 m; 100 000 Einw.), Bischofs- und Universitätsstadt an der Mosel, ist ein wichtiger Knotenpunkt im Straßenverkehrsnetz und von Bahnlinien (*Köln – Saarbrükken; Koblenz – Luxemburg; Trier – Metz*). Die Stadt verfügt über einen modernen Industrie- und Umschlaghafen für 1500-Tonnen-Schiffe, einen Personenschiffahrtshafen und einen Sporthafen.

Sie ist die älteste Stadt des deutschen Sprachraums. Hier befinden sich der Sitz der *Bezirksregierung Trier* (Bundesland *Rheinland-Pfalz*) und der des *Bischofs der Diözese Trier*, die wiedererstandene *Universität Trier* und eine *Katholisch-Theologische Fakultät*. Als *Wallfahrtsort* (Grab des *Apostels Matthias*), als *Tagungs- und Kongreßstadt* und als *Einkaufszentrum* des Trierer Landes spielt die Stadt eine bedeutende Rolle. Sie ist Mittelpunkt des *Weinbaugebietes Mosel-Saar-Ruwer*, heute auch Standort mehrerer großer Unternehmen (u. a. *Wein- und Sektverarbeitung*, *Tabakindustrie*, *Schuhfabrikation*, *Metallverarbeitung*, *Feinmechanik*).

GESCHICHTE

Die Geschichte Triers beginnt um die Mitte des 1. Jahrhunderts v. Chr. im Zuge der Eroberung *Galliens* durch *Gaius Julius Caesar* und der Einbeziehung des *Mosellandes* in das *Römerreich*. „Augusta Treverorum", die *Stadt des Augustus im Land der Treverer*, entsteht unter dem großen Kaiser um das Jahr 16 v. Chr. über der alten Siedlung an dieser markanten Stelle. Die *Römer* mit ihrem geschulten Blick für militärisch, handelspolitisch und wirtschaftsgeographisch bevorzugte Plätze machten sie zum idealen Verkehrskreuz der lebenswichtigen Verbindungen zwischen den *gallisch-belgischen* Reichsteilen und der vorgeschobenen *Ostgrenze* am *Rhein*.

In der zweiten Hälfte des 1. Jahrhunderts war aus dem Etappen- und Militärumschlagplatz eine rührige *Handelsstadt* geworden. Zwei Jahrhunderte später wurde sie Metropole des *weströmischen Teilreiches*, das, von *Britannien* bis nach *Spanien*, im Osten bis zur *Donau* reichend, ganz Westeuropa umfaßte. Zwischen 293 und 395 erhoben sechs römische Kaiser die Stadt zu ihrer Residenz. Aus dieser Zeit stammen einige der imponierendsten Bauwerke Europas. Gewaltige Torburgen, darunter die *Porta Nigra*, und eine starke *Stadtmauer* schützten die etwa 70 000 Einwohner gegen äußere Feinde. Wissenschaften, Wirtschaft, Künste, religiöses Leben, schon früh im Zeichen des Kreuzes, blühten hier wie in keinem anderen Gebiet nördlich der Alpen. Man sprach von *Treveris-Trier* als einem „Zweiten Rom". Unter *Konstantin dem Großen* (306–314 in Trier) und der Kaisermutter *Helena* wurde der *Bischofssitz Trier* nördliches Zentrum der Christenlehre im Abendland.

Auf ein glanzvolles Jahrhundert folgte durch Rückverlegung der römischen Verwaltung nach *Südfrankreich* eine lange Verfallsspanne. *Franken* eroberten und zerstörten im 5. Jahrhundert die Kaiserresidenz. Eine neue Periode begann, die schließlich zum Aufstieg führte, der dieses Mal von der *Kirche* ausging. 870 kam das Trierer Land durch Teilung des *Karolingerreiches* an das *ostfränkische*, d. h. an das spätere *Heilige Römische Reich Deutscher Nation*. Seit dem 12. Jahrhundert heißt *Treveris Trier*. Es wurde Metropole einer ausgedehnten Kirchenprovinz.

Seine *Erzbischöfe* erhielten als *Kurfürsten* den Rang weltlicher Herrscher, als bedeutendster unter ihnen Erzbischof *Balduin von Luxemburg* (1307 bis 1354). Unter ihm reichte *Kurtrier* von der *Obermosel* bis weit über die *Nahe* hinaus, tief in die *Eifel* hinein und über den *Rhein* nach Osten. Die durch Wohlstand selbstbewußt gewordene Bürgerschaft erzwang 1307 das Mitspracherecht an der Stadtverwaltung. 1473 gründeten Trierer Bürger gemeinsam mit dem Kurfürsten eine *Universität*. 1512 berief Kaiser *Maximilian I.* einen *Reichstag* nach *Trier* ein. Heftige Auseinandersetzungen mit den Landesherren um das Recht der Reichsunmittelbarkeit und um Befreiung von der wetlichen Herrschaft mächtiger Erzbischöfe und von Adelsvorrechten brachten wiederholt Unruhe in die Stadt. Hinzu kamen kriegerische Zeitläufte, wie der *Dreißigjährige Krieg*, immer wieder Belagerungen und Besetzungen durch Truppen des *Reiches* und *Spaniens*, besonders aber *Frankreichs*, das seine Macht bis zum *Rhein* ausdehnen wollte. Die Folgen waren immer neue Lasten und Rückschläge. 1651 zählte die Stadt nur noch 3600 Einwohner. Wieder waren es *Kurfürsten*, die von 1737 (Abzugsjahr französischer Truppen) bis zur *Französischen Revolution* der Stadt frische Impulse gaben und Trier durch Bauten in beschwingtem *Barock* ein neues, liebenswertes Gesicht verliehen. Die *französische Revolutionsarmee* leitete 1794 einen neuen Abschnitt der Trierer Geschichte ein. Das Feudalsystem mitsamt dem Kurfürstenregime wurde hinweggefegt, die Universität geschlossen. Mit dem Sturz *Napoleons* und der Neugestaltung Europas durch den *Wiener Kongreß* kam 1815 das ganze linke Rheinufer mitsamt dem *Trierer Land*, dieses als *Regierungsbezirk* in der neugeschaffenen *Rheinprovinz*, an *Preußen*. Nun spannten sich die Fäden mehr nach Osten als nach Westen. Spät erst, in den sechziger und siebziger Jahren des 19. Jahrhunderts, profitierte Trier von der modernen Zeit und der mit ihr einziehenden Technik. Der *Erste Weltkrieg* unterbrach jäh diese Entwicklung, in noch weit schlimmerem Maße der *Zweite*, in dem ein Drittel Triers durch Bombenangriffe zerstört wurde. Zu keiner Zeit seiner zweitausendjährigen Geschichte waren die Schwierigkeiten so groß. Dennoch erstand die alte Stadt in zwei Jahrzehnten aus Schutt und Asche neu. Die imposanten Denkmäler ihrer zwei Jahrtausende umspannenden Geschichte lassen die großen Epochen europäischer Vergangenheit lebendig werden.

RUNDGANG

Trier weist Bauwerke und Bodenfunde auf, deren keine andere Stadt nördlich der Alpen sich rühmen kann. Einer der eindrucksvollsten Bauten, Wahrzeichen der Stadt, die

Porta Nigra

****Porta Nigra** [1], Nordtor der römischen Stadt (2. Jh.), ist das größte erhaltene römische Tor. Das Bauwerk aus ursprünglich hellgrauen, ohne Mörtel millimetergenau eingepaßten Sandsteinquadern ist 36 m breit, 22 m tief und 30 m hoch. Die Quader werden durch bleivergossene starke Eisenklammern, in der nachrömischen Frühzeit geschätzte Beute von Metallräubern, zusammengehalten. Schon um 1100 taucht die Bezeichnung „Schwarzes Tor" für die charakteristischen, vom Alter verwitterten, nachgedunkelten Außenwände auf. Ins Innere des *Wehr- und Repräsentationsbaues* dringt (nicht im Untergeschoß) Licht durch 144 Rundbogenöffnungen. Zwei *Durchfahrten* von 7 m Höhe hatten außen Fallgatter, innen Sperren, die in heute noch vorhandene Nischen eingelassen wurden. Im *Ostturm* hatte Anfang des 11. Jahrhunderts der griechische Mönch *Simeon* seine Klause. Nach seinem Tod (1035) wurde die Torburg zu einer *Doppelkirche* umgebaut, bis nach 1800 alle Ein- und Anbauten wieder entfernt wurden.

An die Porta Nigra schließt das frühromanische

Simeonstift [2] an. 1041 urkundlich erwähnt, wurde es 1803 aufgelöst. Heute befinden sich in Flügeln des ehemaligen Stiftes *Stadtmuseum* und *Verkehrsamt.*

Der Weg über die *Simeonstraße* ins Stadtinnere führt zum *Dreikönigenhaus*, einem romanischen Wohnbau (13. Jh.). Das Gebäude war ursprünglich ein Turmhaus.

Mehrere gepflegte *Fachwerkhäuser* säumen den alten Straßenzug vor seinem Einmünden in den dreieckig angelegten *Hauptmarkt* mit Bauten aus verschiedenen Epochen.
In der Mitte des Marktes steht das

Marktkreuz [3], Symbol für die Verleihung des *Marktrechtes* im Jahre 958. Es ist das älteste erhaltene Hoheits-, Rechts- und Friedensmal auf einem Stadtplatz des europäischen Festlandes. Den Schaft des fast vier Jahrhunderte alten *Marktbrunnens* (1595), den der Trierer Bildhauer *Hans Ruprecht Hoffmann* gestaltete, schließt eine Statue des *Stadtpatrons St. Petrus* ab. Die Häuserzeile an der Südseite überragt der gotische Turm der

Marktkirche St. Gangolf (13. bis 16. Jh.) [4]. An der Westseite des Marktes stand und steht heute in einer originalgetreuen Rekonstruktion die

Steipe [5] („Steipen" = Stützen, auf denen dieses *Wein- und Festhaus des Rates der Stadt* aus dem 15. Jahrhundert ruhte). Durch Bomben wurde das Gebäude 1944 bis auf das Fundament zerstört. An der Außenwand die *Plastiken* der *vier Stadtheiligen* und *zweier Roland-Ritter*; am ebenfalls wiederaufgebauten *Roten Haus* (1684) daneben die bürgerstolze Inschrift „*Ante Romam Treveris stetit annis mille trecentis, perstet et aeterna pace fruatur, amen*" („Eher als Rom stand Trier, eintausenddreihundert Jahre, möge es fürder bestehen, ewigen Friedens sich freun!"). —An der Ostseite des Marktes gibt die kurze Sternstraße den Blick frei auf den

***Dom St. Peter** [6]. Diese älteste deutsche Bischofskirche entstand, wie so vieles in Trier, über *römischem Kern.* Die Kaisermutter *Helena* schenkte der jungen Christengemeinde ihren Palast, an dessen Stelle 336–348 eine der größ-

Dom St. Peter

ten antiken Doppelkirchen entstand. Heute noch bildet die unter Kaiser *Gratian* (375–383) erbaute quadratische Halle den Kern von *St. Peter. Westchor* und *Westtürme* entstanden im 11., der *Ostchor* im 12., der *Kreuzgang* im 13. Jahrhundert.

Die **Schatzkammer* wurde von 1702 bis 1716 für den kostbaren Domschatz erbaut. Der Heilige Rock Christi, die bekannteste Reliquie, wird in der *Heiltumskammer* aufbewahrt.

Mit dem *Dom* einen einzigen Komplex bildet die *Liebfrauenkirche.* Sie wurde ursprünglich über dem Südbau der oben erwähnten antiken Doppelkirche errichtet. 1235 bis 1260 entstand der *gotische Zentralbau* (neben *St. Elisabeth* in *Marburg/Lahn* früheste gotische Kirche in Deutschland). Grundriß: ungewöhnliche *Kreuzform* mit je zwei Kapellen in den Kreuzwinkeln. Gegenüber steht das

Palais Kesselstatt (1740–1745) [7], einst Stadtsitz dieser bedeutenden Reichsgrafenfamilie. Wenige hundert Meter südostwärts, ebenfalls über *Fundamenten römischer Palastbauten*, die

***Aula palatina / Römische Palastaula** [8] – ein strenger Hallenbau, errichtet anfangs des 4. Jahrhunderts unter Kaiser Konstantin als Thronsaal aus Flachziegeln, außen farbig verputzt, in Höhe der Fensterbänke von hölzernen Galerien gesäumt, innen mit Marmor ausgelegt. Ein imponierender Bau: 67 m lang, 27 m breit, 30 m hoch. Außenmauern 2,70 m, Mauerkrone 3,70 m breit, Fenster 7 m hoch, ca. 3,5 m breit. In *römischer* Zeit waren *Fußboden-* und *Wandbeheizung* eingebaut. Vor der Südfront sind noch Fundamente eines *Atriums* vorhanden. Die Basilika diente in *fränkischer* Zeit als *Königspfalz* (palatium), war später *Burg* des *Erzbischofs* und *Westflügel* der *Kurfürstlichen Residenz.* Mitte des 19. Jahrhunderts wurde der inzwischen vielfach veränderte Bau zur *Kirche* der *evangelischen Gemeinde Trier* bestimmt. Im letzten Krieg ausgebrannt, wurde er 1956 nach altem Vorbild wiederhergestellt.

Die Aula palatina (Basilika) wechselte oft ihre Bestimmung in den rund anderthalb Jahrtausenden ihres Bestehens. Nach Niederlegung ihrer Ost- und Westwand war sie Teil der weitläufigen Bauanlage des **Kurfürstlichen Palais** [9] geworden, der großzügigen *Residenz* in Kurtriers Glanzzeit. Dieser Palast gehört zu den Meisterwerken der *Renaissance* und des *Barocks.* Er entstand im 17. und 18. Jahrhundert. Der Neubau des barocken Südflügels wurde 1757—61 durch *Johannes Seitz*, einen Schüler *Balthasar Neumanns*, errichtet. Sein prachtvolles *Treppenhaus* und der plastische figürliche Schmuck auf Balkon und Giebel stammen von *Ferdinand Dietz.* Nach erheblichen Kriegszerstörungen neu entstanden, ist die ehemalige Residenz heute *Sitz der Bezirksregierung Trier.* Dem südlichen Flügel ist der gepflegte *kurfürstliche Schloßgarten* mit *Rokokoplastiken* von *Dietz* vorgelagert. Im Osten schließt ihn die mittelalterliche *Stadtmauer* mit Resten eines kleineren *Tores* ab. Am Westrand des Palastgartens steht die moderne

Stadtbibliothek (1957) [10], jenseits der Stadtmauer, an der Ostallee, das **Landesmuseum** [11] (s. S. 25).

Von dort sind es nur wenige Schritte zu den

Kaiserthermen [13], einem Bäderpalast (4. Jh.). Die in ihren Ruinenumrissen noch gut erkennbaren älteren *Barbarathermen* (2. Jh.) nahe der alten *Römerbrücke* genügten den Ansprüchen der Kaiser nicht. Die neuen Thermen nahe dem kaiserlichen Palast (Konstantinbasilika) bekamen *Heißbad* (mit der vorzüglichen römischen Bodenheizung), *Kaltbad*, *Luftbad*, *Schwimmbecken* und *Gymnastikplatz.* Dieser Komplex, höchst eindrucksvoll noch als Ruine nach jahrhundertelanger Benutzung als Lieferant bearbeiteter Bauquader, war 140 m breit und 160 m lang, ein technisch wie architektonisch-künstlerisch vortrefflich ausgestattetes Bauwerk. In

Römische Palastaula

den *Kellerräumen* gibt es ein Netz von labyrinthartigen *Gängen* und Einrichtungen früher u. a. zur Beheizung, Be- und Entwässerung der Anlage benutzt. Wahrscheinlich unter *Valentinian* (364 bis 375) wurden die Thermen zu einem *Kaiserforum*, im frühen Mittelalter zu einer Burg umgebaut, später in die *Stadtbefestigung* einbezogen.

Nördlich der Alpen gab es im Weströmischen Reich kein Gegenstück zum Trierer

Amphitheater [14], dem ältesten Relikt aus der *ersten Römerzeit* (um 100 n. Chr.). Man stach den Westhang des *Petrisberges* an und planierte hier die 75 m lange, 50 m breite *Arena* ein. *Wassergraben* und *Umfassungsmauer* umgeben den ovalen *Kampf- und Theaterspielplatz.* Auf den 24 Sitzreihen in dreifach gestaffelten, 30 m tiefen Rängen fanden bis zu 25 000 Zuschauer Platz. In der Mauer sind Eingänge zu 14 kleineren *unterirdischen Gewölben.* Hier gab es reichlich Räume für theatertechnische Einrichtungen, Aufenthaltsgelasse für Gladiatoren und sonstige Mitwirkende sowie zur Versorgung Verletzter, Tierkäfige usw. Außer zwei großen Zugängen im Norden und im Süden, zugleich *Torbauten* ähnlich der *Porta Nigra*, gab es einen besonderen Eingang für den kaiserlichen Hof. Die gut erkennbaren Konturen lassen die imponierenden Maße dieser unter 71 bekannten Amphitheatern an 10. Stelle stehenden Anlage erkennen.

Am Rückweg zur Stadtmitte liegen in der *Jesuitenstraße* dicht beieinander so besichtigenswerte Bauten wie die

Dreifaltigkeitskirche [12], ein Hallenbau gotischen Stils (13.–15. Jh.) mit der Ruhestätte des Dichters *Friedrich Spee* († 1635) und die **Alte Universität** (1611 bis 1614) mit der **Promotionsaula** (1755). Heute ist hier die *Katholisch-Theologische Fakultät* untergebracht.

Unweit der *Porta Nigra* lohnt sich der Besuch einer der ältesten Stätten christlicher Kultur Triers:

***St. Paulin** [15], verbunden mit dem Märtyrertod von Teilen der christgläubigen *Thebäischen Legion*, die *Ricius Varus* im Jahre 286 niedermetzeln ließ. *St. Paulinus, Bischof* von *Trier* (346–358) gab der Kirche den Namen (einst *romanischer* Bau aus dem 12. Jh., 1674 zerstört, Neubau unter Kurfürst *Franz Georg von Schönborn*, geweiht 1757). *Balthasar Neumann*, Deutschlands berühmtester Barockbaumeister, *Johannes Seitz, Ferdinand Dietz* aus Mainfranken und *Christoph Thomas Scheffler*, Maler aus Augsburg, haben das Innere der nach außen hin schlicht wirkenden, hochstrebenden Kirche ungemein festlich gestaltet, vor allem den prachtvollen *Hochaltar*, die *Stukkaturen* und die *Deckengemälde.*

Im längst dicht besiedelten Süden der Stadt, einst ein Stück vor ihren Toren, steht über *römischem Gräberfeld* und *Friedhof* aus früher Christenzeit

St. Matthias [16], Pfarrkirche und Benediktinerabtei (Kloster 978, erstes Gotteshaus im 10. Jh.). Kirche, romanisch, erbaut zwischen 1122–1160 nach Auffindung der Gebeine des *Apostels Matthias*, zunächst der an einen wuchtigen Wehrbau erinnernde mächtige *Turm.* In verschiedenen Epochen wurden *Mittel-* und *Querschiff*, *gotischer Chor*, *Barockportale* (Wende zum 18. Jh.) angebaut sowie Ende des 18. Jahrhunderts der Turmabschluß. Als eine der wenigen Kirchen Triers unzerstört, verlor sie durch Sicherungsarbeiten 1956 bis 1967 und durch die Liturgiereform manches ihrer alten Ausstattung. Am Chorfuß steht der Sarkophag mit den Reliquien des Apostels; Tausende pilgern zu diesem einzigen Apostelgrab nördlich der *Alpen.* In der *Krypta* fanden die ersten christlichen Glaubensboten Triers, *St. Eucharius* und *St. Valerius*, ihre letzte Ruhestätte. Ein *frühgotischer Kreuzgang* verbindet die Kirche mit der *Benediktinerabtei.*

Die *Römer* nutzten die *Mosel* als Naturverkehrsader und überspannten sie, wo erforderlich, schwungvoll, technisch gekonnt. Davon zeugt noch heute die

Römerbrücke [17], etwa zu gleicher Zeit wie *Porta Nigra* und erste *Stadt-*

Kaiserthermen

befestigung im 2. Jahrhundert erbaut. Die sieben Pfeiler im Strom sind nach rund 1800 Jahren, trotz starker Beanspruchung noch so gut erhalten, daß sie auch den modernen Verkehr tragen. Alle Brückenbogen wurden 1717/18 erneuert, die Fahrbahn ist in den letzten dreißig Jahren zweimal verbreitert worden. Nahebei liegen die *Barbara-Thermen* [18].

Hart unterhalb der Römerbrücke rekken *Zollkran* (1774) und *Alter Kran* (1413) [19] ihre Arme zum Strom hin. Sie dienten einstmals dem Güterumschlag, der hier einen für die damalige Zeit beträchtlichen Umfang hatte. Nahe dem Moselufer liegt das im 7. Jahrhundert gegründete

Stift St. Irminen (heute *Bürgerhospital*) [20]. Auf dem Vorplatz zur Uferstraße ein *Barockbau* (1726–1744) mit Mauerresten der *Hafenspeicher* aus der *Römerzeit* und einem der *ältesten Weinkeller* des Mosellandes.

Eine Stadt mit Tradition und einer so großen, mindestens zweitausendjährigen Geschichte birgt eine Fülle von sehenswerten Dokumenten und Relikten in ihren *Museen:*

Landesmuseum, *Ostallee 44.* Ungewöhnlich reichhaltige Sammlungen von Kunst und Kulturgut aus vorgeschichtlicher Zeit bis ins Mittelalter. Eines der berühmtesten Stücke das in *Neumagen* gefundene, aus Stein gehauene „Weinschiff“ aus *römischer* Zeit. Fast 300 laufende Meter prächtiger *Fußbodenmosaiken* sind ein einzigartiger Schatz und mehr, als alle deutschen Museen zusammen besitzen.

Städtisches Museum im Simeonstift (*Porta Nigra*). Dokumente zur Stadt- und Kulturgeschichte des Trierer Landes, Skulpturen aus Gotik und Barock, Malerei v. Mittelalter bis zu Romantik und Realismus; Wechselausstellungen zeitgenössischer Kunst.

Bischöfliches Dom- und Diözesanmuseum, Windstraße 6. Funde aus frühchristlicher Periode, kirchliche Kunst von der Spätantike bis zur Neuzeit. Konstantinische Deckenmalereien.

Domschatzkammer, Zugang durch den *Dom.* Domschatz, kirchliche Kunstwerke.

Schatzkammer der Stadtbibliothek, *Weberbach 25.* Handschriften, Urkunden, Frühdrucke, Globen und Karten.

Karl-Marx-Haus [21], *Brückenstraße 10,* Geburtshaus des bedeutenden Wirtschafts- und Gesellschaftskritikers (1818–83); heute Museum.

Lohnende Ausflüge in die nähere Umgebung Triers:

An der Auffahrt zum Petrisberg (herrliche Aussicht auf Alt-Trier und die Moselauen) beginnt der 3 km lange *Weinlehrpfad.* Auch vom linken Moselufer lohnt sich der Blick aus der Vogelschau von der *Weißhaus-Terrasse* oder vom *Kockelsberg.* Der Blick über das Moseltal hin zu den *Hunsrückhöhen* (besonders am späten Nachmittag) ist einmalig schön. Geschichtlich interessierte Besucher sollten nicht versäumen, den moselaufwärts auf der linken Uferseite rund 11 km vom Stadtzentrum entfernten Ort *Igel* zu besuchen. Hier steht die berühmte

Igeler Säule. Es ist das *Grabmal* der *Secundinier,* einer reichen römischen Tuchmacher- und -händlerfamilie. Dieser Turmbau ist im großen und ganzen so erhalten, wie man ihn um die Mitte des 3. Jahrhunderts aufstellte. Die Säule aus grauem Sandstein ist 22 m hoch. Die Außenwände sind mit zahlreichen – ursprünglich bemalt gewesenen – *Reliefs* bedeckt, vorwiegend bildliche Darstellungen aus dem Leben der Stifterfamilie. Leider sind sie stark verwittert und daher nicht leicht zu erkennen. Besser zu erkennen sind sie auf der Kopie der Igeler Säule, die im Hof des *Landesmuseums* in *Trier* steht.

Der Name „Igel“ rührt her von dem die Spitze des Monuments krönenden *Adler* (lateinisch aquila, woraus Igel entstand).

i Tourist-Information, an Porta Nigra.

Köln, Koblenz, Saarbrücken, Metz bis Paris, Luxemburg (Brüssel–Amsterdam). – ✈ Trier-Föhren (15 km).

Koblenz–Trier; Trier–Luxemburg; Trier–Saarburg.

Fernbuslinien nach Aachen, Mainz –Frankfurt, Kaiserslautern, Luxemburg; Buslinien in die Täler der Mosel, Saar, Sauer, Kyll und Ruwer, in die Eifel und den Hunsrück.

Kabinenbahn zum „Weißhaus“ über dem linken Moselufer.

an der Bundesstraße nach Luxemburg (*B 49;* linkes Moszlufer). „Schloß Monaise“, im ehemaligen Schloßpark, am Moselufer und „Trier-City“.

Maarstraße 156, am Moselufer.

„Dorint-Hotel Porta Nigra“, „Scandic Crown Hotel“, „Europa Parkhotel“, „Blesius-Garten“.

„Am Hügel“, „Deutscher Hof“, „Monopol“, „Petrisberg“.

Route 1: *Koblenz – Alken – Burgen – Treis (38 km)

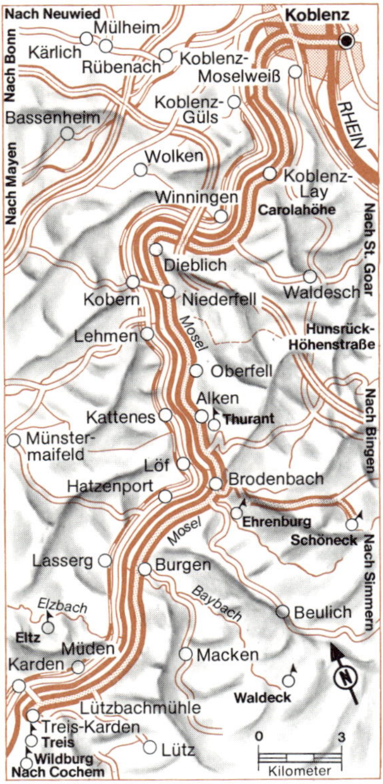

Von der *B 9* aus Richtung *Köln–Bonn* biegt gleich hinter der neuen Moselbrücke in *Koblenz* die *B 49* rechts ab und führt zur *Mosel* hin. Oberhalb ihrer dem Rhein nächsten Staustufe gibt es Jachtclubs und -häfen. Gleich hinter *Moselweiß* (Wagenfähre), mit einer um 1200 erbauten *Basilika*, steigen die Rebenhänge hier steil, auf dem linken Ufer allmählich an. Man kommt nun in das ehemalige Winzerdorf

Lay, seit 1970 nach Koblenz eingemeindet (*Koblenz-Lay*). Hier lädt eine *Wagenfähre* ein, überzusetzen, um unter Umgehung von *Koblenz* zur Autobahn *Frankfurt–Köln* und auf die *B 9* nach *Bonn–Köln* bzw. von dort über diese Abkürzung zur *Mosel* zu gelangen. Kurz darauf führt von der *Schmitse Mühle* eine gute Straße durch ein hübsches Tal hinauf nach *Waldesch* (5 km; hier *Hunsrück-Höhenstraße*) und hinüber zum *Rhein* und *Rhens*. Auf der anderen Moselseite, über einen Fahrdamm mit ihr verbunden, liegt die lange *Halbinsel Ziehfurt*, ein beliebter Campingplatz. Die *A 61* überquert auf einer Brücke den Fluß, die *B 49* hingegen umgeht den Ort.

Dieblich (2300 Einw.), 14 km. Neben Wein wird vorzügliches Tafelobst angebaut. Schon 922 ist der Ort als *Duvericha* (keltisch) erwähnt. In der neuen *Pfarrkirche* befindet sich ein holzgeschnitztes gotisches Madonnenbild (Ende 14. Jh.). Einige alte Herrenhöfe, u. a. ein gotisches Burghaus mit Fachwerkgiebel, die *Heesenburg*, blieben erhalten. Oberhalb des Ortes der *Dieblicher Berg*, auf dem im Mittelalter Hexenverbrennungen stattfanden.

moselauf- und -abwärts.

am Moselufer.

Autofähre nach Kobern.

„Pistono“, „Waldpension Mariaroth“, „Wingendorf“, „Kachelburg“, „Dötsch“.

Niederfell (1200 Einw.), 17 km. 915 erstmals erwähnt, Weinbau nachweislich seit 1030. Das Dorf erstreckt sich entlang der Mosel gegenüber dem *Wasserschloß Von der Leyen* und dem *Schloß Liebieg*. Sehenswert: einzelne Fachwerkhäuser und die barocke Altargruppe in der *Pfarrkirche* aus dem ehemaligen Kloster Mariaroth. Am Ortseingang beginnt die *Niederfeller Schweiz* mit romantischen Spazierwegen. Brücke zur *B 416*.

Bahnstation Kobern-Gondorf.

moselauf- und -abwärts.

Koblenz–Cochem.

„Schreiber“, „Schunk“, „Mönchs-Schenke“.

Am Ortsausgang (flußaufwärts) steht das *Herz-Jesu-Haus Kühr* (Bildungs- und Pflegeheim) und hinter diesem das ehemalige Weingut *Domhof* (12. Jh.). 1 km davon entfernt stauen Wehr, Schleusen und Fischtreppen sowie das Kraftwerk die *Mosel* um 6 m auf. Kurz darauf erreicht man

Oberfell (1000 Einw.), 21 km. Hier blieb viel vom alten Ortsbild bewahrt, so der romanische Turm der *Pfarrkirche* und das mittelalterliche *Haus der Gräfin Jutta von Pyrmont*, sowie die aus dem 12. Jahrhundert stammende *Wallfahrts-Kirche* auf dem *Bleidenberg*.

moselauf- und -abwärts.

moselauf- und -abwärts.

„Krone“, „Schweisthal“, „Rebstock“.

Alken (700 Einw.), 22 km. Dieser historische kleine Weinort mit seiner einladenden Moselfront und stattlichen Überbleibseln seiner Befestigung ist ein beliebtes Ziel von Moselfreunden.

Hoch ragt über dem Ort, wie verwachsen mit dem langauslaufenden Felsrücken, die einzige doppeltürmige Burg an der Mosel auf: *Thurant*. Sie bildet mit ihren turmgekrönten Mauern mit dem Ort ein harmonisches Ganzes. Pfalzgraf *Heinrich*, Sohn *Heinrichs des Löwen*, erbaute sie 1192 und soll ihr den Namen der syrischen Feste *Thuron* bei *Tyron* gegeben haben, weil deren Erstürmung ihm nicht gelungen war. Funde (Münzen) und Reste eines *Gutshofes aus römischer Zeit* lassen auf eine frühe Besiedlung schließen.

Eine Zeitlang war die Burg *Residenz* Kaiser *Ottos IV*. Da sie mitten in kurtrierischem Gebiet lag, ließ der Erzbischof, den der Kölner unterstützte, Thurant belagern, richtiger: aushungern. Nach drei Jahren (1245–1248) und nach Vertilgung von angeblich 3000 Fudern Wein durch die Belagerer kapitulierte der Burghauptmann. Der „Frieden von Thurant" gilt als älteste Vertragsurkunde in deutscher Sprache. Kurfürst *Balduin* verlieh Alken um 1350 Stadtrechte und ließ es in den Burgbereich mit einbeziehen.

Burg Thurant

Trierische und kölnische Vögte geboten, wenn auch durch eine heute noch vorhandene hohe Schildmauer lokal getrennt, gemeinsam über Burg und Städtchen. Unter diesen zwei Herren in einem Haus verfiel die Burg schnell. 1542 war sie nach einem zeitgenössischen Bericht „ganz baufällig". 1616 entnahm der *Ritter von Wiltberg* als nachfolgender Eigentümer für sein Burghaus im Ort der Burg Thurant u. a. Bedachungsmaterial. Schließlich zerstörten 1689 die *Franzosen* alles, was von ihr noch stand, ausgenommen die zwei mächtigen *Türme* und einen *Wohnbau* (aus dem 16. Jh.). In unserer Zeit erwarb die aus Oldenburg und Ostfriesland stammende Familie *Allmers* die Burg und baute sie zum Teil wieder auf. Von ihren Türmen und Zinnen aus hat man einen zauberhaften Blick auf das *Moseltal*, nach Norden auf das *Maifeld* und die *Osteifelberge*.

Das malerische, fachwerkschöne Alken hegt eine ganze Reihe mittelalterlicher Denkmäler. So die romanische *Michaelskapelle* mit freigelegten Fresken aus dem 13. und 15. Jh. Über die Kreuzwegtreppe gelangt man zur Kapelle und zum Beinhaus. Auch Reste der Stadtmauer mit dem *Fallertor* und zwei mächtigen Rundtürmen sind erhalten. Die *Pfarrkirche* (19. Jh.) ziert der Michaelsaltar von 1708. *Wiltburg, Malteserhaus, Laacherhof;* Weinproben.

Ausflüge: Zur 1248 errichteten, bis auf den Chor verfallenen romanischen, gotisch überbauten *Dreifaltigkeitskapelle* auf dem *Bleidenberg*. Von hier aus beschossen die Belagerer mit *Blyden* oder *Bleyden* (Wurfmaschinen) die tiefergelegene Burg. Der *Schafberg* bietet einen schönen weiten Blick zur *Eifel* hin. Ein Waldweg durch das *Alkener Bachtal* führt hinauf bis zum Ort *Pfaffenheck* an der *Hunsrückhöhenstraße*.

DB-Station Kattenes am linken Moselufer, Strecke Koblenz–Trier.

Koblenz–Brodenbach, Burgen.

Linienverkehr Köln–Düsseldorfer im Sommer täglich nach Cochem; Rundfahrten mit „MS Goldstück". Moselbrücke Alken–Löf.

„Moselblick", „Burg Thurant", „Zum Roten Ochsen", „Landgasthaus Schnee", „Burg-Café", „Hürter".

Brodenbach (670 Einw.), 25 km. Der staatlich anerkannte, waldreiche Erholungsort schmiegt sich anmutig zwischen zwei Wildbachtälern (*Brodenbach* und *Ehrbach*) an steile Weinberge und bewaldete Höhen. Brodenbach wird gern als Ausgangspunkt reizvoller

Ehrenburg

Ausflüge in Täler und über Hunsrückhöhen benutzt. Nach knapp einer Stunde Wanderns durch das felszerklüftete *Ehrbachtal* gelangt man zur

Ehrenburg. Eine der schönsten Burgruinen im Moselland, krönt sie einen Felskegel über dem tiefeingeschnittenen Tal und ist eine der trutzigsten Burganlagen. Die Ehrenburg entstand Mitte des 12. Jahrhunderts, wahrscheinlich auf Anordnung Erzbischof *Hillins* von *Trier*. Pfalzgraf *Konrad*, Stiefbruder des Kaisers *Barbarossa*, wurde 1261 in dessen Streit um sein Eigentumsrecht an der Burg mit ihr belehnt, mußte aber den *Trierer Erzbischof* als seinen Lehnsherren anerkennen. *Konrad* überließ die Burg als Lehen den *Rittern von Ehrenberg* aus einem der rauflustigsten Adelsgeschlechter des Mosellandes.

An vielen Kriegen, Fehden und Kreuzzügen waren Ehrenburger beteiligt. Der letzte, *Friedrich von Ehrenburg*, brachte es bis zum *Gräflich Sponheimschen Marschall*. Die *Koblenzer* als Gefolgsleute Kurtriers versuchten Ende des 14. Jahrhunderts vergeblich, die starke Feste zu erstürmen. Aus Rache ließ der Burgherr 200 Koblenzer Bürgerhäuser einäschern. *Böckelheim* an der *Nahe* erlebte das gleiche Schicksal. Die Ehrenburger waren stark versippt mit einflußreichen Adelsfamilien, so mit denen von *Eltz* und *Eltz-Pyrmont*. Bei ihrem Aussterben wurden die letzteren Erben. Nach ihnen traten nacheinander die *Quadt von Landskron*, *Freiherren von Clodt*, schließlich in weiblicher Folge der *Freiherr von und zum Stein zu Nassau* das Erbe der Ehrenburger an. Er war der Vater von Preußens großem Staatsmann. Heute ist *Graf Kanitz auf Cappenberg* (Westf.) Eigentümer.

Die Burganlage, einst das *castrum super Ere*, wurde 1689 von den *Franzosen* bei ihrem Rückzug aus dem Rheinland gesprengt und ist seither Ruine. Über eine Steintreppe erreicht man vom Halsgraben aus den Burgvorhof mit der Burgschenke, dem Burghotel und der Wohnung des Pächters. Links liegen die ehemaligen Ställe, dahinter steht der gewaltige *Rampenturm* aus dem 16. Jahrhundert. Die *Franzosen* hatten in sein 5 m starkes Mauerwerk eine Bresche gesprengt. Sie wurde ausgebaut, so daß man nun bequem ins Innere gelangen kann. Hier staunt man über eine sogar in noch größeren Burgen seltene *Auffahrt*. Ein Fahrweg von 3 m Breite führt wendeltreppenartig um eine Achse von 3 m Durchmesser zur *Mittelburg*. Links der Rampe befand sich der *Rittersaal*, rechts gelangt man, vorbei an der tief aus dem Fels herausgearbeiteten *Zisterne*, über eine Felstreppe zu einer schmalen Pforte. Erst durch diesen Aufgang erreicht man den ältesten Teil der Burg, die wahrscheinlich über *römischen Fundamenten* steht. In der praktisch uneinnehmbaren *Oberburg* wohnten die Burgherren. Sie hat zwei durch eine Zwischen-Doppelmauer miteinander verbundene *Rundtürme* aus dem 14. Jahrhundert. Heute steigt man durch eine am Fuß des einen Turmes gebrochene Öffnung ein und gelangt über die Treppe auf dessen Dach. Von hier bietet sich eine wundervolle Aussicht über *Hunsrück* und *Eifel* bis hin zur *Hohen Acht* und *Nürburg*.

Weiter das Ehrbachtal hinauf führt der Pfad an mehreren verträumten *Mühlen* vorbei. Stellenweise stürzt der Bach rauschend über Felsabsätze und durch enge Durchbrüche in Kaskaden talwärts (*Ehrbachklamm*). Oft muß man über schmale Stege die Ufer wechseln. Auf einem Felskamm in einem Seitental steht oberhalb der *Rauschenmühle* die völlig verfallene Ruine

Rauschenburg, einst vom streitbaren Trierer Kurfürsten *Balduin von Luxemburg* angelegt, um die raublustigen Burgherren der Umgegend in Schach zu halten. Der Weg führt an weiteren zwei Mühlen vorbei, bis man — etwa 13 km von *Brodenbach* entfernt — die *Schönecker Mühle* erreicht. Auf einem bergan führenden Pfad steigt man zur

Burg Schöneck hinauf, von der aus man eine schöne Aussicht über das dicht bewaldete *Ehrbachtal* hat. Die Burg gehört den Erben des Malers *Steinhausen* (Besichtigung auf Anfrage möglich). Rückkehr nach *Brodenbach* über *Herschwiesen* (gute Straße, zu Fuß 1½ Std.) oder über *Boppard-Buchholz* auf einem „Trimm-dich-Waldpfad“.

Brodenbach:

DB Koblenz–Trier (Bahnhof Löf auf dem linken Moselufer).

Linienbus Koblenz-Burgen.

Anlegestelle der Köln-Düsseldorfer und anderer Schiffahrtsgesellschaften.

Straßenbrücke zur *B 416*.

– „Vogelsang“, in einem Seitental.

„Anker“ (Hallen-), „Zum schwarzen Ritter“, „Zur Post“, „Peifer“ (Hallen-). –

Auf der vorbildlich ausgebauten *B 49* erreicht man rasch, weithin begrüßt von der markanten *Burg Bischofstein* (siehe S. 32) über dem linken Ufer, den hübschen alten Weinort

Burg Bischofstein

Burgen (800 Einw.), 30 km, 928 urkundlich erwähnt. Am Übergang der *den Hunsrück* von der *Nahe* her überquerenden Heerstraße, die am *Bischofstein* (Burg, 1259) vorbei auf das *Maifeld* verlief, spielte er schon zu *römischer Zeit* eine Rolle.

In Burgen mündet der unweit der *Hunsrückhöhenstraße* entspringende *Baybach*. Sein mühlenreiches, waldumsäumtes Tal gilt als eines der romantischsten unter den Seitentälern der *Mosel*. In 3 Stunden kommt man zu Fuß zur imponierenden Burganlage der *Ritter Boos von Waldeck*. So versteckt es auf seinem wildbachumflossenen Bergrücken auch lag, *Ludwigs XIV.* Mordbrennertruppen legten 1688 das 1242 urkundlich erwähnte stolze Schloß in Trümmer. Das Geschlecht der *Reichsgrafen Boos von Waldeck* hat alle schlimmen Zeiten überdauert. Ihre Burg, die inzwischen mehr und mehr verfiel, gehört heute als Jugendburg dem „Nerother Wandervogel“. Am unteren Baybach liegt ein Freizeit- und Erholungsgebiet mit 46 km markierten, schönen Wanderwegen.

Gleich mehrere andere Moselburgen befinden sich in Ortsnähe.

moselauf- und -abwärts.

„Wunder”, „Waldeck“.

„Zur Stadt Rom“, „Burg Bischofstein“, „Berghof“, „Onkel Oskar“, „Moselblick“, „Moselhaus“.

– 2 Plätze. – Jachthafen.

Rund 5 km oberhalb Burgen hebt bei *Müden* die 3. Staustufe mit Wehr, Kraftwerk und Schleusen die *Mosel* um 7,5 m an, so daß dadurch auch hier der Fluß verbreitert wurde.

Zunehmender Beliebtheit bei den im ozonreichen, waldgesäumten *Hunsrück* geruhsame Erholung Suchenden erfreut sich das *Lützbachtal*. Man schreibt ihm eine gute heilklimatische Wirkung zu.

Der *Lützbach* mündet gegenüber dem Ort *Müden*, hart unterhalb der Staustufe in die *Mosel*. Eine ziemlich kurvenreiche Fahrstraße führt zu dem rund 3 km von der *B 49* gelegenen Ort *Lütz*.

Lütz liegt abseits des großen Getriebes. Es gibt hier einige gut erhaltene *Giebelfachwerkhäuser*. Erwähnt wurde der Ort bereits um 1200; so alt ist auch der *romanische Turm* der *Kirche*. Lütz war abwechselnd unter der Herrschaft *Kurtriers* und der *Grafen von Eltz*. Daher findet sich im Wappen links das rote *Trierer Balkenkreuz*, rechts der *heraldische Löwe* mit einer *dreizackigen Krone*. Der Luftkurort ist ein idealer Ausgangspunkt für Wanderungen in die wald- und aussichtsreiche Umgegend.

zur *B 49*.

„Kurheim Röhrig“ (u. a. Hallenbad, Tennis, Reiten), „Lützer Schweiz“, „Sonnenblick“.

Wo der *Flaumbach*, durch sein idyllisches Tal von der Hochfläche des *Hunsrücks* herkommend, in die Mosel mündet, bestand schon in vorgeschichtlicher Zeit eine Siedlung an der Stelle des heutigen Ortsteils von *Treis-Karden*

Treis (2300 Einw.), 40 km. Seit vorgeschichtlicher Zeit besiedelt, lag Treis in römischer Zeit am Endpunkt wichtiger Verkehrswege, die von der Hunsrück-Heer- und Handelsstraße zur Mosel, durch eine Furt hinüber nach Karden und von dort hinauf zur Eifelstraße Koblenz–Trier führten und hier die Moselstraße kreuzten.

Auf dem *Geckeskopf* über Treis wird eine römische Signalstation vermutet. Im Jahre 1103 wird Treis erstmals urkundlich erwähnt. Im 14. Jahrhundert wird ihm das Frankfurter Recht eines gefreiten Dorfes mehrfach bestätigt. Bedeutende Fachwerkhäuser wurden bis auf einige am Marktplatz im Krieg zerstört. Von der ehemaligen Pfarrkirche *St. Katharina* (2. Hälfte 15. Jh.) ist **der Chor mit bemerkenswerten figürlichen Konsolen unter dem Sterngewölbe erhalten. Altarbild von 1552, spätgotischer Aufsatz einer Sakramentsnische.**

Auf steil zur Mosel abfallendem Fels die *Zilleskapelle* (Anfang 17. Jh.), dazu gehörte einstmals eine Eremitage. Am Ausgang des Flaum- und Dünnbachtales die *Burgruine Treis*, im 11. Jahrhundert zum Schutz des Moselüberganges gebaut. Sie war Sitz der Fry von Tris, nach deren Aussterben und nach heftigen Fehden Besitz des Kurfürsten von Trier bis zur Zerstörung im Jahre 1688.

Talwärts liegt die *Wildburg* — vor 1121 errichtet —, deren romanischer Palas noch gut erhalten ist. Im Innern wurde die Burg neu ausgebaut. Im waldgesäumten Flaumbachtal ist das *Kloster Maria Engelport* (8 km), 1262 als Prämonstratenser-Nonnenkloster gegründet, 1802 abgebrochen, seit 1903 Wiederaufbau durch den Orden der Oblaten. Es sind nur noch geringe Reste der alten Anlage erhalten. Von der Autostraße nach Kastellaun (23 km) hat man eine schöne Aussicht auf Treis-Karden und die vordere Eifel.

DB-Station Karden, linke Moselseite (Ortsteil Karden).

nach Kastellaun, Kirchberg, Kaisersesch, Mörsdorf.

Köln-Düsseldorfer Koblenz–Cochem, Reederei Collée-Hölzenbein.

auf einer Insel. – Jachthafen.

„Reis", „Ostermann", „Koch". – Beh. Frei-.

Empfehlenswerte Wanderung

Durch das *Flaumbachtal*, an *Burg Treis* und *Wildburg* vorbei, nach *Kloster Engelport* (2 Stunden). Vom Kloster noch ein Stück im Flaumbachtal aufwärts, dann rechts in westlicher Richtung über den Gebirgssattel ins Moseltal nach *Beilstein*. Rückfahrt (4 Stunden) mit Postbus oder Motorboot möglich.

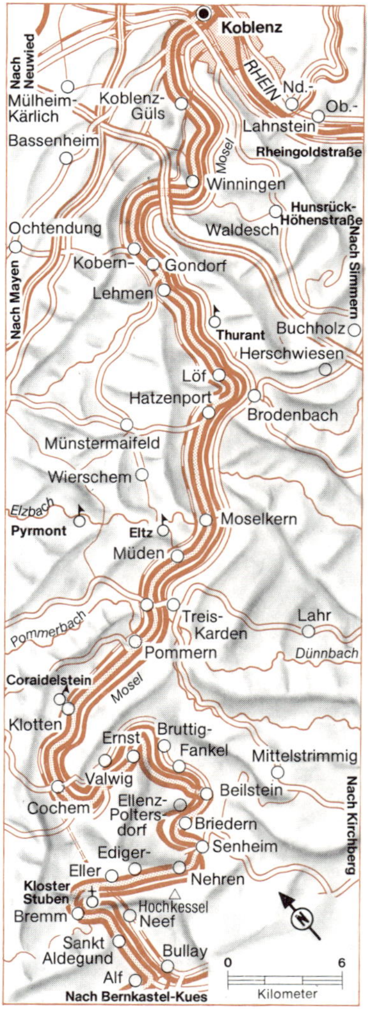

Route 2: *Koblenz – Winningen – Karden – *Cochem – Alf/Bullay (82 km)

Wir verlassen *Koblenz* in Richtung *Köln*, biegen aber gleich hinter der Moselbrücke ein auf die nach *Trier* führende, gut ausgebaute linksseitige Moselstraße (*B 416*). Durch den Vorort *Metternich* kommen wir nach

Güls, das 1970 ebenfalls nach Koblenz eingemeindet wurde. Der Stadtteil *Güls* ist in leicht hügeligem, fruchtbarem Unterland gelegen. Die *alte Kirche* ist eine dreischiffige, gewölbte Emporenbasilika (13. Jh.). Die *neue Pfarrkirche* (1833) fällt durch ihre zwei sehr schlanken *Türme* mit spitzen Helmen, genannt „Gülser Zahnstocher", auf.

Koblenz (Stadtkern)–Trier.
nach Koblenz (Stadtkern), flußaufwärts nach Winningen–Kobern.
Autofähre *B 49*, rechtes Moselufer.
„Weinhaus Kreuter", „Zum Hähnchen", „Weinhaus Grebel".
Nach kurzer Fahrt erreichen wir

Winningen (2600 Einw.), 12 km, einen schon 865 als *Windiga* erwähnten gepflegten Ort mit hübschen *Fachwerkhäusern.* Es ist mit etwa 2,5 Millionen Rebstöcken eine der bedeutendsten Riesling-Anbaugemeinden an der Mosel (Weinlehrpfad). Im malerischen *Weinhof* steht der *Brunnen der Weinhexe* zur Erinnerung an Hexenverfolgungen nach dem Dreißigjährigen Krieg (bekannte Lage: „Winninger Weinhex"). Die *Pfarrkirche* hat ihren Ursprung in einem *romanischen* Bau (um 1200).

Vom letzten August-Wochenende bis zum ersten September-Wochenende findet hier das älteste deutsche *Winzerfest* mit Bräuchen, Festumzügen und dem vielgerühmten Essen an der historischen *Zinntafel*, schließlich die „Versteigerung hübscher junger Winzerinnen" statt. – *Wein- und Heimatmuseum.*

Koblenz–Trier.
Verkehrslandeplatz.
Koblenz und Kobern–Gondorf.
Köln–Düsseldorfer, von Bonn aus; Moselschiffahrt Koblenz–Cochem.
„Insel Ziehfurt".
„Sporthotel Moselblick"; „Adler", „Emmerich", „Marktschenke", „Krone". – „Goldene Traube".
Beheiztes Frei-. – Wein-Lehrpfad.

Die Straße führt, vorbei an hochgestaffelten Weinterrassen, nach

Kobern-Gondorf (3000 Einw.), 17 km. Der bedeutende Weinort Kobern ist keltischen Ursprungs (in nahen Wäldern die Kultstätte *Goloring*). Aus der römischen Epoche stammen viele aufschlußreiche Funde. Den mittelalterlichen *Marktplatz* mit „Tatzelwurm"-Weinbrunnen säumen gepflegte *Fachwerkhäuser* (u. a. *Abteihof St. Marien,* 1321–1325, das älteste erhaltene Fachwerkhaus Deutschlands). In der *Dreikönigskapelle* (im 15. Jh. erbaut von den *Grafen Boos-Waldeck*) auf dem *Berg-Friedhof* mit schönem Blick über die Schieferdächer der Stadt wurden 1892 und 1954 vortreffliche Wandmalereien (*Apostelfries*) freigelegt. Der Weg bergan durch die Lage des geschätzten „Koberner Schloßberg" führt zur *Niederburg* der *Herren von Kobern,* 1195 erwähnt, im 16. Jahrhundert umgebaut, 1689 zerstört. Auf der Höhe des *Eschenberges* über treppenartigen Weinterrassen die – ebenfalls 1689 demolierte – *Oberburg.* Neben ihrem unversehrten mächtigen Viereck-Bergfried steht die **Matthiaskapelle* (um 1235), ein sechseckiger Mittelbau nach dem Vorbild der *Jerusalemer Grabeskirche.* Sie hat einen turmartigen emporstrebenden Zentralteil. Die ranken Pfeilerbündel mit schönen Knospenkapitellen sind Meisterstücke mittelalterlicher Steinmetzen. Das in drei Stufen gesetzte Dach ist eine sehr selten vorkommende Form. In dieser Kapelle wurde das *Haupt des Apostels Matthias* aufbewahrt, das *Heinrich von Kobern* im 14. Jahrhundert von einem Kreuzzug ins Heilige Land mitgebracht hatte. 1422 wurde die wertvolle Reliquie nach *St. Matthias* in *Trier* überführt.

Die *Oberburg*, einzige Wasserburg an der *Mosel*, erbaut im 12. Jahrhundert, wurde Stammsitz eines der glanzvollsten moselländischen Adelsgeschlechter, der durch den Besitz erster Wein-

Kobern-Gondorf: Matthiaskapelle

lagen an der *Mosel* sehr vermögenden *von der Leyen* (*de Petra*). Sie stellten zwei Trierer Kurfürsten und wurden 1806 in den Fürstenrang erhoben, starben aber 1819 in tiefer Armut aus.

Die der älteren Linie gehörende *Niederburg*, seit dem 19. Jahrhundert im Besitz des Barons *von Liebieg*, machte einem neugotischen Bau Platz.

Koblenz–Trier.

nach Koblenz.

Anlegestelle der Moselschiffahrt, Straßenbrücke zur *B 49*.

„Simonis“. – „Fuchs“, „Haupt“.

Der mit Kobern zusammengelegte Ort *Gondorf* wird 980 *Conleve* genannt, auch als Schiffsplatz *Condrua* wird er schon früh erwähnt.

Forschungsanlage für alternative Energie mit Informationszentrum.

Koblenz–Trier.

Koblenz–Cochem.

„Schloß Liebieg“. – „Contrua“.

Vor Gondorf Autobrücke zur B 49.

Wenige Autominuten weiter liegt

Lehmen (1250 Einw.), 20 km. Es leitet seinen Namen vom keltischen *Liomena* (= Ulme) her. Bodenfunde aus *römischer* Zeit, der *romanische Glockenturm* (12. Jh.) der früheren oberen *Kirche*

Kobern-Gondorf: Niederburg

und der *Fünfeckturm* einer *Burg* der *Ritter von Lehmen* sind Zeugen einer langen Geschichte. Wenig oberhalb des Ortes staut die Stufe 2 der Moselkanalisierung den Fluß um 8,4 m für viele Kilometer zu großer Breite auf.

Koblenz–Trier.

nach Mayen.

Autobrücke nach Niederfell.

„Herold“, „Zum Schwanen“, „Ahlersmeyer“ (Pension), „Zum Ratzejung“.

Zwischen Wald, Weinbergen und Mosel liegt *Kattenes* (der Name ist keltischen Ursprungs). Der nächste Weinort ist

Löf (1000 Einw.), 26 km, ein freundliches Dorf mit malerischer Moselfront, 1044 als *Lovia* urkundlich bezeugt.

Koblenz–Trier.

über Moselbrücke zur *B 49* Koblenz–Cochem.

„Weinhaus Gries“, „Sternburg“, „Traube“, „Lellmann“, „Krähennest“, „Langen“, „Schöne Aussicht“.

Auf vorzüglicher Straße kommt man rasch zu dem alten Winzerort

Hatzenport (900 Einw.), 29 km, jetzt Ortsteil von Löf. Sein Name (um 1135 erwähnt) entstand aus „Hattonis Porta“. Erzbischof *Hatto* ließ hier einen Durchlaß zum *Schloß Eltz* durch den Berg brechen. Auf einem Felsvorsprung inmitten steiler Weinberge liegt eine schöne, rein *gotische Kirche* (13. Jh.). Der Blick vom stillen, schattigen Friedhof weithin über Rebhänge und den durch die *Lehmener Staustufe* gebändigten breiten Strom lohnt den Aufstieg.

Koblenz–Trier.

Münstermaifeld–Andernach.

Moselschiffahrt Koblenz–Cochem.

„Prüm“, „Mosella“. – „Botsch“, „Roter Jockel“.

Bei der Ausfahrt von Hatzenport grüßt weithin der *Bischofstein* (32 km), mit seinem weißberingten mächtigen Bergfried eine der markantesten Burgen im Moselland. Von Kurtrier um 1270 auf schroffem Felsgrat erbaut, sollte sie den Moselübergang vom *Hunsrück* her durch das *Baybachtal* (siehe *Route* 1, Burgen) sichern. Um 1689 zerstört, nach dem letzten Krieg restauriert. Man hat von hier einen lohnenden Blick auf das Moseltal.

Der nächste Ort an der *B 416* ist

Moselkern (680 Einw.), 35 km, an der Mündung des schon von *Ausonius*, dem römischen Verehrer des Mosellandes, als *Alisontia* besungenen *Elzbaches.* Strom und jäh aufragende Hänge lassen hier wenig Platz. In den schmalen Gassen sind einige alte Häuser und das frühere *Rathaus* mit schön gegliedertem Fachwerk erhalten geblieben.

🚂 Strecke Koblenz–Trier.

🚌 nach Münstermaifeld–Polch, nach Koblenz, Cochem und zum Flugplatz Winningen.

⛴ Moselschiffe Koblenz–Cochem.

⌂ „Anker", „Moselstrand", „Traube", „Café Ringelstein-Mühle". – ⛺.

Von Moselkern erreicht man nach etwa einstündiger Wanderung durch das romantische Elztal ***Burg Eltz*. Die Burg Eltz ist ein Kleinod unter den deutschen Burgen, über mindestens 800 Jahre vollkommen bewahrt, abgesehen vom Brand 1920, dessen Folgen längst beseitigt sind. Auf einem vom *Elzbach* umrauschten Felsbuckel im Talgrund, von dichtem Wald umgeben ragt das engverschachtelte Bauwerk, ein Urbild der Burgenromantik, in seinem schwer zugänglichen Seitental vor einem auf. Die Burg entging als einzige den Burgenvernichtern *Ludwigs XIV.* Seit 1150 ist sie im Besitz der *Grafen Eltz*, deren Nachkommen noch heute zuweilen hier wohnen (dann keine Besichtigung). Jede Linie baute sich einen eigenen Flügel an den ältesten Teil um den noch *romanischen* Bergfried, die *Platteltz.* Im 15. Jahrhundert folgte das *Haus Rübenach* (im Schlafgemach Fresken aus dem 15. Jh. und Kapellenerker), später (Ende 15. Jh.) das *Haus Rodendorf* (Fahnensaal mit Sterngewölbe). In der 2. Hälfte des 16. Jahrhunderts entstand das *Haus Kempenich* und das *Goldschmiedehaus.*

Oberhalb der Burg steht die Ruine der vom *Trierer* Kurfürsten *Balduin von Luxemburg* 1336 errichteten *Trutz-Eltz.* Weiter nordwestlich erhebt sich die *Burg Pyrmont* über dem Elzbach (Besichtigung Mai–Okt.).

Nach wenigen Minuten Fahrt kommen wir nach dem Wein- und Fremdenverkehrsort

Müden (800 Einw.), 38 km, keltischen Ursprungs, später Römersiedlung *Modena.* Nahe dem Ufer der *Kirchturm* auf Fundamenten eines *römischen Wachtturmes.* Malerische Winkel, jahrhun-

Burg Eltz

dertealte Fachwerkhäuser, darunter das *Hafenhaus*, wo früher Moselschiffer rasteten, und das *Stammhaus der Familie Görres* (s. S. 15) sind bemerkenswert. Durch die hier durch die *Mosel* gelegte *3. Staustufe* mit Kraftwerk (72,5 m ü. d. M., *Lehmen* 65 m. ü. d. M.) verbreitert sich der Fluß seeartig und bietet somit vielfältige Wassersportmöglichkeiten in reizvoller Landschaft. – Weinproben.

Von Müden führt ein schöner Fahr- und Fußweg zur *Burg Eltz* (5 km).

🚂 Koblenz–Trier.

🚌 Koblenz–Cochem, auch ⛴.

🏨 „Sewenig", „Linde", „Sonnenhof".

⌂ „Burg Eltz", „Balthasar". – Es folgt

Karden, 40 km, heute Ortsteil des Doppelortes *Treis-Karden* (siehe S. 30). Als *vicus Cardena* wurde der Ort, im 5. Jh. beim *Geographen von Ravenna* erstmals genannt, im 1. Jh. am Fuße des *Martberges*, einer römischen Kultstätte des Kriegsgottes *Mars*, von den Römern angelegt. Mitte des 4. Jh. nahmen die Kardener durch den aquitanischen Missionar *St. Castor* das Christentum an. Das Archidiakonat Karden umfaßte die Untermosel bis zum Rhein.

Wahrzeichen des Ortsteils ist die *Stiftskirche St. Castor* mit drei wuchtigen Türmen, spätromanischer Apsis und frühgotischem Langschiff. Der *gotische Hochaltar* mit der *Anbetung der Heiligen Drei Könige*, um 1430 aus Terrakotta geschaffen, ist ein Meisterwerk mittelalterlicher Tonplastik. Bei Wiederherstellungsarbeiten wurden wertvolle *Fresken* aus dem 15. Jh. freigelegt. Spätromanische, gotische und Renaissance-Bauten scharen sich um *St. Castor:* das Wohnhaus eines Stiftsherrn – später *Zehnthaus* – (um 1230), das *Probsteihaus* (einst Sitz des Archidiakons) von 1208, eines der ältesten erhaltenen profanen Bauwerke Deutsch-

2

lands (restauriert), das *Schultheissen-Burghaus Broy* (1562), *Stifstmuseum* (im ehemaligen Kapitelsaal). Die *Stiftsschule* verfügt über 19 Wandmalereien a. d. J. 1495, auf denen die Geschichte der keuschen Susanne im Bade und die

Karden: St. Castor

von der Kreuzfahrt Heinrichs des Löwen dargestellt sind.

Der Ortsteil Karden ist durch die moderne Betonbrücke mit dem gegenüberliegenden Ortsteil *Treis* (siehe *Route 1*) verbunden.

Koblenz–Cochem–Trier.

nach Kaisersesch (Eifel) und Kastellaun.

Köln-Düsseldorfer, Reederei Collée.

Schloßhotel Petry. – „Rebstock“, „Brauer“, „Stiftstor“, „Burg Eltz“. – in Treis.

Nach einigen Minuten fährt man an der nächsten Winzersiedlung,

Pommern (600 Einw.), 43 km, vorbei. Hier mündet der aus der *Osteifel* kommende *Pommerbach*. Schon 755 wird das Dorf *Pomaria* urkundlich erwähnt und gab es hier ertragreiche *Wein-* und *Obstgärten* (lat. pomarium, woraus später *Pommern* wurde). Die heidnischen *Treverer* hatten in der Nähe einen Tempelbezirk. Die *Kirche*, um die sich die Gehöfte und Häuser kuscheln, hat einen aus *frühgotischer* Zeit stammenden *Westturm*. Sehenswert ist auch der historische *Kreuzweg*, der zur Bergkapelle führt. Neben einigen schmukken *Fachwerkhäusern* und *Bruchsteinhäusern* sind das erzbischöfliche *Burghaus* und das *Hofhaus* der einflußreichen *Zisterzienserabtei Himmerod* bei *Wittlich* (heute Pfarrhaus) erhalten.

Koblenz–Trier.

Moselschiffahrt Koblenz–Cochem.

etwas außerhalb des Ortes.

„Weinhaus Schneiders“ (Moselterrasse), „Onkel Otto“, „Sonnenuhr“, „Henerichs“.

Alsbald erreicht man

Klotten (1650 Einw.), 49 km. Es liegt reizvoll an der Mündung des *Dortebachs* (*Naturschutzgebiet* mit Hochgebirgsflora und -fauna) und am Fuß eines weinbestandenen markanten *Burgbergs. Cloduna* (= Hof des Clotho) gab dem 814 erwähnten Ort den Namen. Bodenfunde lassen auch hier auf *keltische* und *römische* Besiedlung schließen. Klotten hat die begehrte Südlage der Talhänge mit von Kennern sehr geschätzten Kreszenzen.

Die Ruine *Coraidelstein* (Konradstein) wirkt wie verwachsen mit ihrem Berg. Dieser markante Bergkegel mochte den Pfalzgrafen *Hermann I.* (Ende des 10. Jh.) zur Anlage einer seine Besitzung sichernden Feste gereizt haben. Um 1050 hielt die verwitwete Polenkönigin *Richeza* (997–1063), eine Enkelin Kaiser *Ottos II.*, hier Hof. 1294 kam die Burg an *Kurtrier*, 1420 an die einflußreichen moselländischen *Grafen Kesselstatt.*

Sehenswürdigkeiten: Die *spätgot. Hallenkirche* (1525, umgebaut 1867/68) mit spitzem Schieferhelm über wuchtigem Turm sowie etliche klösterliche und adlige Weinhöfe: *Fronhof*, *Petershof*, *Pyrmonter Hof*, *Nikolaushof*. Viele schmukke *Fachwerkhäuser* zieren die schmalen, verwinkelten Gassen. Nahe dem Ort mündet, aus felsflankiertem Tal kommend, der *Dortebach* in die *Mosel*. Das *Dortebachtal* ist ein *Naturschutzgebiet* mit seltenen Pflanzen, die sonst erst 1000 km südlicher zu finden sind (Hochgebirgsflora). Klotten besitzt ein Hochwildfreigehege.

Koblenz–Trier. Koblenz–Trier. Koblenz–Cochem. – Autofähre. „Zur Post“, „Am Brunnen“, „Castor“, „Gilles“, „Zur Linde“, „Marquet“.

Zu mehr als einem Kurzbesuch verlockt die das Moseltal weithin beherrschende burggekrönte Kreisstadt

***Cochem** (6000 Einw.), 51 km. Urkundlich als *villa cochuma* bezeugt, ist der Ort *römischen* Ursprungs und steht auf einer keltischen Ansiedlung. Er entwickelte sich zu einem bedeutenden Fremdenverkehrsort. Der erste Burgbau, Anfang des 11. Jahrhunderts, geht auf Pfalzgraf *Ehrenfried*, Gaugraf am Mittelrhein, einen Schwager König *Ottos III.*, zurück. Pfalzgrafen mehrerer Häuser wechselten sich im Besitz der Burg ab, bis Kaiser *Konrad III.* sie 1151 als erledigtes Reichslehen einzog und Burg-

Ruine Coraidelstein (Text S. 34)

grafen einsetzte. 1294 wurde sie Kurtrier übereignet; Kurfürst *Balduin* ließ sie stark bewehren. *Ludwig XIV.* ließ im *Pfälzischen Erbfolgekrieg* (1688 bis 1697) auch diese stolze Reichsfeste mitsamt den Stadtbefestigungen in einen Trümmerhaufen verwandeln. 1866 erwarb der Berliner Geheimrat *Dr. von Ravené* die 1815 an *Preußen* gefallene Burg und baute sie bis 1877 nach alten Vorbildern wieder auf. Im gleichen Jahr fuhr der erste Zug durch den 4,2 km langen *Kaiser-Wilhelm-Tunnel*, der den „Cochemer Krampen" durchsticht und 21 km dieser haarnadelartigen Moselschleife abschneidet.

Cochem bietet aus seiner ereignisreichen Geschichte zahlreiche sehenswerte Denkmäler: Das *Barockrathaus* mit schönem Portal und einem zierlichen Erker: das *Kapuzinerkloster* (1623), dem einst der wortgewaltige, federgewandte *Pater Martin von Cochem* (1634 bis 1710) angehörte; Reste der mittelalterlichen *Stadtbefestigung* (*Enderttor* von 1332, heute Torschenke); *Balduinstor* und *Wehrgangstück*); schöne alte *Giebelfachwerkhäuser*.

Die vieltürmige, erkerverzierte **Burg* lohnt den Besuch nicht nur wegen der romantisierenden Pracht ihrer Räume, der Wappenfenster und Gemälde (u. a. Rubens und Tizian), sondern vor allem wegen des zauberhaften Blicks von ihren Zinnen hinunter ins Moseltal.

Nahe der Stadt ragt über einem Felsgrat aus dem zerklüfteten Tal des *Endertbaches* die *Winneburg* auf, die schon im 12. Jahrhundert das Tor zur *Eifel* war. Als die *Edlen von Winneburg* ausstarben, erbten die *Herren von Metternich* sie. Wenige Tage vor der Zerstörung der Cochemer Burg sank am 16. Mai 1689 auch sie in Trümmer. Bis 1794 gehörte sie zu den großen Besitzungen der späteren *Fürsten Metternich*.

i Verkehrsamt, Endertplatz, Tel. 02671/ 3971.

🚆 D-Zug-Station Koblenz- Trier.

🚌 *B 49* Gießen – Koblenz-Trier. *B 259* in die Eifel über Ulmen nach Bonn und Luxemburg. Busse nach vielen Richtungen.

⛴ „Undine-Rundfahrten", „Moselschiffahrt Gebrüder Kolb", „Köln-Düsseldorfer" u. a. täglich (alle nur im Sommer).

⛺ 3 Plätze. – Jacht- und Bootshafen.

⛺ Ortsteil Cond, Stadionstraße. – Hallenwellenbad.

2

🏨 „Germania", „Brixiade", „Triton", „Parkhotel", „Alte Thorschenke".

🏨 „Thul", „Müller", „Karl Noss", „Am Hafen".

Von Cochem an entzückt die *Mosel* durch das reizvolle, stets wechselnde Bild ihrer scharfen Mäanderbogen, von denen der *Cochemer Krampen* der größte und eindrucksvollste ist. Die Fahrt geht, an der moselseitigen Häuserzeile des Vorortes *Sehl* und dem mit guten Weinlagen gesegneten *Kloster Ebernach* vorbei, nach dem Weinbauort

Ernst (700 Einw.), 57 km. Der Ort mit seinen romantischen winkligen Gäßchen leitet seinen Namen aus dem *keltisch-römischen Arnascum* und — später — *Arnenche* (678 erwähnt) her. Gegenüber liegt, auf dem rechten Moselufer über die Brücke *Cochem—Cond* und die Fahrstraße nach *Senheim* oder über die Fähre zu erreichen, der Weinort

Valwig (400 Einw.). Einst hieß er *Falavoia* (866), was soviel bedeutet wie „Weg zwischen den Rebstöcken". Den Rebenhang krönt die alte *Marien-Wallfahrtskapelle* (12. Jh.). – 🏨 „Moog", „Rebenhof", „Einig-Zenzen". – ⛺.

Burg Cochem

Während der Weiterfahrt auf der *B 49* nach

Ellenz-Poltersdorf grüßt von drüben der Wein-Doppelort

Bruttig-Fankel (1400 Einw.). Er bewahrte sich dank seiner Lage in einem lange verkehrstot gebliebenen Winkel mehr als andere Orte altertümlichen Charakter. Der Ortsteil *Bruttig* hat ein *Rathaus* von 1689, in dem früher sieben Schöffen Gericht hielten. *Bruttig* hegt außerdem sorgsam das schöne barocke *Schunckscke Haus* (1659), in dem eine freischwebende, reichgeschnitzte Renaissance-Treppe nach oben führt. Der berühmte Humanist *Peter Schade* (1497—1524), der sich „Petrus Mosellanus" nannte, zuletzt Rektor der *Leipziger Universität* war und in Leipzig begraben wurde, stammt aus *Bruttig*. Das schmale Haus seines Vaters, eines kleinen Winzers, Barbiers und Krämers am Moselufer, duckt sich zwischen hohen Giebelbauten. Der Ortsteil *Fankel* blickt auf eine mindestens tausendjährige Geschichte zurück. Um 1100 besaßen das *St.-Castor-Stift* (*Karden*) und die *Herren von Eltz* hier gute Weinberge. Hart unterhalb dieses Ortsteils erstreckt sich die (vierte) *Staustufe Fankel* (mit Kraftwerk und Schleusen) von Ufer zu Ufer. Sie ist mit 79 m ü. d. M. um 6,5 m höher als die Stufe *Müden*.

⛺ Am Moselufer.

Das nächste Ziel ist ein Doppelort:

Ellenz-Poltersdorf (1000 Einw.), 61 km. Er liegt inmitten reicher Weingärten am Fuß steilhangiger Südlagen. Man mußte den schönen *Glockenturm*, von Ritter *Karl von Monreal* 1318 gestiftet, zur Straßendurchfahrt herrichten. Auch hier blieben ansehnliche Fachwerkbauten erhalten. Das *Hofhaus* der *Freiherren von Gimmenich* erinnert an Zeiten, in denen moselländische Adelsgeschlechter ihre Weingüter, eine der Grundlagen ihrer materiellen Existenz, bewirtschafteten. Sehenswert sind auch die Kirche aus dem 11. Jahrhundert und das Fachwerkrathaus im Ortsteil Ellenz.

🚌 nach Cochem.

🚢 Schiffsverbindungen nach Cochem, Koblenz, Bernkastel.

🏨 Mehrere gute Hotels. – 🏊 (beheizbar).

⛺ auf einer Wiese am Fluß.

Zwischen dem Doppelort lockt vom anderen Ufer das markante Profil des romantischsten Winkels an der *Mosel* zur Überfahrt (mit Fähre) nach

***Beilstein** (200 Einw.). Dieses „Miniatur-Rothenburg" liegt in einem engen, durch steile, rebenbestandene Schieferkuppen gebildeten Kessel. Seit je waren hier Einwohnerzahl und Bauten begrenzt. Um 800 gab es — durch Gräberfunde bezeugt — hier eine *fränkische* Besiedlung. 1129 wird ein Ritter *Krafto von Beilstein* erwähnt. Schon im Mittelalter verschafften sich die Beilsteiner Stadtrechte (1319). Der einst wohlbewehrte, lange Zeit nur über das Wasser erreichbar gewesene Ort liegt zu Füßen der im 13. Jahrhundert erwähnten gleichnamigen Reichsfeste, deren fünfeckiger Bergfried aus dem 12. Jahrhundert stammt. Der französische General *Graf de Montal* ließ sie mitsamt der turmgekrönten Stadtbefestigung im moselländisch-rheinpfälzischen Unglücksjahr 1689 sprengen.

Als Lehensträger des Reiches, später der *Kurstaaten Köln* und *Trier*, saßen auf dem Burgberg die *von Braunshorn* (1268—1362), *von Winneburg* (bis 1637) und die *Grafen von Metternich*, als letzter *Klemens Lothar Fürst von Metternich*, kaiserlich-österreichischer Staatskanzler beim *Wiener Kongreß*. Einer seiner Vorfahren berief 1638 die *Karmeliter* nach *Beilstein*. Die Burgherren, die es nicht ohnehin schon waren, wurden sämtlich vermögende Leute aus einer ungewöhnlichen Einnahmequelle, dem sogenannten „Judenschutz". Sie erteilten Freibriefe, auf die sich ihre jüdischen Schützlinge in Notfällen berufen konnten. Dieser Einrichtung und der Sicherheit, die Juden hier gewährt wurde, verdankt Beilstein viel von seinem Wohlstand und kulturellen Gut.

Über dem Ort ragt über dem *St.-Josefs-Bergkegel* die mächtige dreischiffige *Hallenkirche* (erbaut 1635 im Barockstil auf gotischen Elementen) der wieder hier eingezogenen *Unbeschuhten Karmeliter* auf. Man steigt zu ihr 108 Stufen einer steilen Treppe hinauf und hat dann einen lohnenden Blick auf das verwinkelte Gassengewirr und die Umgebung. Am südlichen Seitenaltar der innen sonst barocken Kirche steht eine *spätgotische Madonna*. Wehrhaft ragt neben der Kirche der wuchtige *Klosterflügel* empor.

Beilsteins *Marktplatz* wurde buchstäblich aus Fels herausgebrochen. Außer dem *Rathaus* sind noch das herrschaftliche *Amtshaus* mit einem Barockportal

In Beilstein

und das *Fachwerk-Zehnthaus* (1577) mit dem Metternichschen Wappen, eines der schönsten Bauwerke dieser Art im Moselland, erhalten.

Dieses idyllische Zwergstädtchen mit seinen schmucken *Fachwerkbauten*, eng aneinandergeschmiegt, über Treppchen durch verwinkelte Gäßchen, bogengeschmückte Durchlässe und Tore verbunden, durchzieht der Duft der in kühlen Felsenkellern reifenden köstlichen Weine. Seit je lockt Beilstein Maler, Dichter, Romantiker und Schwärmer an.

Man muß einmal im Frühling oder im Herbst auf einer moselseitig gelegenen Laubenterrasse oder in einem der heimeligen Gasthöfe mit vom Alter gezeichnetem Geschirr aus Zinn, Messing und Kupfer spritzigen, kühlen Mosel schlürfen. Ein wirkliches Erlebnis, bei dem man dankbar empfindet, daß dieser Ort alle Gefahren eines ganzen Jahrtausends überstand, nicht zuletzt, weil Beilstein bis in unsere Tage motorisierten Verkehrs nur über den Fluß oder auf beschwerlichem Weg vom *Hunsrück* herunter zu erreichen war. Hier scheint die Zeit stillzustehen, die Welt mit ihrem hektischen Getriebe vor mittelalterlichem Gemäuer Halt gemacht zu haben.

🚌 nach Cochem. – ⛴ sechsmal täglich Motorboot nach Cochem; Köln-Düsseldorfer. – Autofähre.

🏨 „Burg Metternich“, „Burgfrieden“, „Lippmann“, „Klapperburg“, „Zur guten Quelle“. – ⛺ und beh. Frei-[🏊] am gegenüberliegenden Moselufer.

Von Beilstein kann man über die anmutigen Moselörtchen *Briedern* (500 Einw.) und *Mesenich* (400 Einw.), mit einigen Relikten aus alter Zeit, und die Moselbrücke zwischen *Senheim–Senhals* (1000 Einw.), alle mit Autobusverbindungen, wieder auf die linksseitig geführte *B 49* überwechseln.

Hinter dem Winzerörtchen *Nehren* (100 Einw.), 68 km, mit dem „Heidenkeller“ (Römergrab) steht einsam zwischen Rebenhängen neben der Fahrstraße die Ruine des tausendjährigen *Wohnturms* der *Ritter von Lehmen*. Ihr Hof war Stammhaus lothringischer, kaiserlicher und spanischer Obristen, der Ort *Nehren* Rastort wetterharter, rauhbeiniger „Halfen“ (Mosel-Treidelknechte). – ⛺.

Immer an weiten Rebenhängen entlang erreicht man den Ortsteil *Ediger* von

Ediger-Eller (1500 Einw.), 72 km. Lange vor der *römischen* Zeit hatten *keltische* Ureinwohner auf dem 421 m hohen Hochkessel bereits eine Wallburg. 1363 wurden dem großen Weinort *Ediger* Stadtrechte zuerkannt. Von der Befestigung blieben Mauerstücke, mehrere Wehrtürme und Stadttore erhalten. In schmalen Gassen des heutigen Ortsteils Ediger stehen *Fachwerkhäuser* mit schmucken Giebeln und Erkern. Aus den Weinterrassen ragt die spätgotische *Pfarrkirche* auf. Ihr rechteckiger Turmhelm ist verziert mit vier Ecktürmchen und einer schönen Galerie. Die zweischiffige Halle wird von drei Mittelpfeilern getragen. Der *romanische Taufstein* stammt aus dem Anfang des 12. Jahrhunderts; die *Grablegungsgruppe* wurde 1671 aufgestellt.

Eines der ausdrucksvollsten, innigsten Denkmäler lebensnaher moselländischer Frömmigkeit steht seit dem 16. Jahrhundert im *Kreuz-Kapellchen* hoch oben auf dem *Ediger Berg*. Es ist das ergreifende, aus Stein gehauene Renaissance-Relief vom „Christus in der Kelter“, das Werk des Meisters einer Kunstschule hohen Ranges, die gegen Ende des 16. Jahrhunderts an der unteren Mosel gewirkt hat.

Einziger figürlicher Schmuck sind die zwei Engelköpfchen auf den Säulen, die den Querbalken mit der Kelterschraube tragen. Diese drückt auf das Kreuz, das Christus auf seinem leidgebeugten Rücken trägt. Er steht unter der Kelterschraube im rechteckigen Kelterkasten. Fünf Wunden entströmt

Christus in der Kelter

das Blut des Herrn zur Erlösung der Menschheit.

Diese ungemein eindrucksvolle Plastik zählt zu den kostbarsten Stücken des an Kunstschätzen aus zwei Jahrtausenden wahrlich reichen Mosellandes.

Mit dem ehemals selbständigen Ort *Ediger* im Zuge der Gemeindeverwaltungsreform des Moselgebietes zu einer Doppelgemeinde zusammengefaßt wurde der zuvor ebenfalls selbständige Moselort *Eller*. Der heutige Ortsteil ist Eingangspforte zum *Krampen*.

Wie Ediger ist auch Eller keltischen Ursprungs. Für die *Römer* war es ein wichtiger Platz, worauf Funde von Ziegelsteinen und ein aus 957 Goldmünzen bestehender Schatz schließen lassen. Früher hieß es *Elira* (1106), wahrscheinlich abgeleitet von *St. Hilarius von Poitiers*. Ihm zu Ehren, steht in einer Chronik, habe der *heilige Fridolin* Ende des 5. Jahrhunderts ein Kloster errichtet. Um 636 kamen Güter in Ediger als Schenkung König *Dagoberts I.* an das *Germanusstift* zu *Speyer*. *Kurtrier* erwarb das Dorf 1230 durch Kauf. Der fünfgeschossige schlanke Turm der *St.-Hilarius-Kirche* ist *romanischen* Ursprungs. Sehenswert sind ein *Marienaltar* aus Sandstein (1621) und ein *spätromanischer Weihwasserkessel*, der früher als Weinmaß benutzt wurde. Sehenswert ist die spätgotische *St-Rochus-Kapelle*.

Gute Südlagen reizten hier nicht nur moselländische Adelsfamilien zum Erwerb und zur Bewirtschaftung von Weingütern. Aus dem 16. Jahrhundert stammen die alten Kellereien Ellers: *Pyrmonter Hof*, *Dauner Hof*, das Hofhaus des nahen Klosters Stuben, die 500 Jahre alte Burgkellerei des Freiherrn von Landenberg, ursprünglich Kurfürstlich Trierisches Hofhaus.

(Ortsteil Eller) Koblenz–Trier.

Cochem–Zell Personenfähre Ediger–Eller.

Cochem–Traben-Trarbach.

„Zum Löwen", „Weinhaus Feiden", „St. Georg", „Oster", „Moselterrasse", „Römerstuben".

im Ortsteil Ediger.

Hinter der den Strom in großer Höhe überspannenden Brücke der Bahnstrecke *Koblenz—Trier*, die drüben schon wieder in einem Tunnel verschwindet, steigt über der Autostraße der Südhang des 378 m hohen *Calmont* (calvus mons = Kahler Berg) an. Einen steileren Terrassenbau (65 % Steigung) gibt es in Deutschland nicht. Hier ziehen sich die Weingärten einer der meistgeschätzten, feurigsten Kreszenzen der Mosel Treppchen für Treppchen, Terräßchen für Terräßchen bis zu 200 m empor.

Auf der flach auslaufenden fruchtbaren Landzunge gegenüber liegt, nahe dem Fluß, die Ruine einer Hallenkirche mit schmalem, edlem Schiff und hohen gotischen Fenstern:

Nonnenkloster Stuben. In diesem Stift erzogen Augustinnerinnen adlige Töchter des Landes für ihre oft nicht leichten Aufgaben. Ein Ritter *Egelof* hatte Anfang des 12. Jahrhunderts sein auf einer Insel gelegenes Burghaus der Abtei Springiersbach geschenkt, die hier ein Augustinerinnenkloster gründete. Es heißt, Mißwirtschaft habe den Erzbischof von Trier veranlaßt, das Kloster 1788 in ein freies adliges Damenstift umzuwandeln. 1794 wurde es von den Franzosen aufgelöst. Die 1685 erbaute Kirche wurde nach 1825 abgebrochen, nur die Außenmauern blieben erhalten.

In scharfem Linksbogen führt die *B 49* nach

Bremm (1050 Einw.), 76 km, das schon in römischer Zeit ein Weinort war. 1051 wurde es unter dem Namen Bremba erwähnt. Die spätgotische Laurentius-Kirche (15. Jh.) verfügt über einen sehenswerten Barockaltar. Etwas moselaufwärts, durch eine Autofähre mit der Hauptstraße verbunden und an die Bahn angeschlossen, liegt

Neef (600 Einw.), das alte *vicus navis* (1049), am Fuß eines sich lang hinziehenden Rebenhanges. Baugeschichtlich Interessierte finden hier ein interessantes, früher mit Graben und Wall umgürtetes *Burghaus* (vermutlich aus dem 13. Jh.) mit spätromanischen Fenstern, spätgotischem Erker und Renaissance-Portal.

Die *Peterskapelle* mit altem *Friedhof* auf dem nahen *Eulenköpfchen* birgt ein sehr ausdrucksvolles *Renaissance-Relief der Kreuzesabnahme* (17. Jh.). Der herrliche weite Blick von hier bis nach *Alf*, hinüber nach *Bremm*, *Eller-Ediger* und hinunter auf die scharfe Moselschleife mit der markanten *Ruine Stuben* lohnt den Aufstieg auf schönem Bergweg zur Kapelle, einst Pfarrkirche der näheren Umgebung. Autobrücke über die Mosel.

Koblenz–Trier.

Der nächste Ort an der *B 49* nennt sich nach einer fränkischen Heiligen

St. Aldegund (700 Einw.), 79 km. Dieses Moseldorf birgt noch viel Altererbtes, manche schöne Fachwerkhäuser mit Vorräumen, Aufgängen, Kaminmänteln und Backöfen. Die mit den Weingärten über den Häusern gleichsam verwachsene *Kapelle* mit ihrem gedrungenen Turm (12. Jh.), der Heiligen gewidmet, gab dem Ort den Namen. Im Mittelalter war er wichtiger Umschlagplatz für Wein. Die Schiffe hatten in der „Laach", dem Arm zwischen einer früheren Insel und dem Ufer, einen natürlichen Hafen. Von hier gingen die schweren Fässer auf beschwerlichem Karrentransport zu Handelspartnern bis nach *Holland*, *Belgien* und dem *Niederrhein*. Der früher niedrige Wasserspiegel der *Mosel* wurde hier durch die *5. Staustufe* mit Kraftwerk und Schleusen um rund 9 m angehoben. Der Fluß wurde dadurch an dieser Stelle seeartig verbreitert.

In **Alf** (82 km von *Koblenz*) endet unsere *Route 2*.

Von jedem der genannten Orte aus lassen sich reizvolle Spaziergänge und Wanderungen unternehmen. Der gut markierte *Moselhöhenweg* bietet stets das Besondere an landschaftlichen Schönheiten und Ausblicken (Auskunft überall durch die örtlichen Verkehrsämter oder -vereine).

Route 3: Alf – Traben-Trarbach – **Bernkastel-Kues (56 km)

Die *B 49 Koblenz–Trier*, über die uns die *Route 2* führte, verläßt in *Alf* die *Mosel* und verläuft nun landeinwärts in die *Südeifel;* sie berührt *Wittlich* und erreicht den Fluß erst wieder unterhalb *Trier*. Die wegen ihrer Naturschönheiten und gefeierten Kreszenzen gerühmte *Mittelmosel* beginnt flußaufwärts in

Alf (1300 Einw.). Der *römische* Name des schon von *Kelten* besiedelten Platzes war *Albis*. Dieser Wein- und Urlaubsort an der Mündung des *Alfbaches* eignet sich gut zu Freizeit und Ausflügen in die nähere und weitere Umgebung.

D-Zug-Station Bullay, 2 km, an der Strecke Koblenz–Trier; Stichbahn nach Traben-Trarbach.

nach Bad Bertrich und Cochem sowie entlang der Mosel nach Trier.

Cochem–Traben-Trarbach.

„Gästehaus Herrenberg" (garni), „Mosel-Hotel Alf", „Bömer".

„Junk", „Gasthof St. Barbara". –

1,5 km südwestlich von Alf krönt als echter Luginsland die *Burg Arras* einen rebenumwachsenen Bergkegel. Ihre Anfänge reichen zurück bis ins 12. Jahrhundert. Ein Köhler namens *Arras* soll mit seinen zwölf berserkerhaften Söhnen im *Alftal* eine große Ungarnhorde zurückgeschlagen haben. Der Erzbischof schlug ihn zum Ritter und gab ihm die nach ihm benannte Burg zum Lehen. Die Ende des 18. Jahrhunderts unbewohnt und im Verfall begriffen gewesene Burg wurde von einem Ruhrindustriellen erworben und 1907–1910 wiederaufgebaut. Heute beherbergt sie eine *Gaststätte* (herrliche Aussicht) und einen *kunstgewerblichen Betrieb*. – Schön ist der Rundblick vom *Prinzenkopfturm* an der engsten Stelle der Moselschleife.

Eifeleinwärts, im Talkessel des *Üßbaches*, liegt 9 km von Alf entfernt das

Staatsbad Bad Bertrich mit der einzigen Glaubersalztherme (32° C) Deutschlands (gegen Magen-, Leber-, Darm-, Gallenleiden, Stoffwechselerkrankungen). Sie speist heute ein Thermal-Hallen- und -Freibad. Schon die Römer wußten ihre Heilwirkung zu schätzen. Clemens Wenzeslaus, letzter Kurfürst von Trier, ließ 1768 im Spätbarockstil das Badehaus erbauen, das heute das Kurfürstliche Schlößchen beherbergt.

i Verkehrsamt, Clara-Viebig-Straße 1.

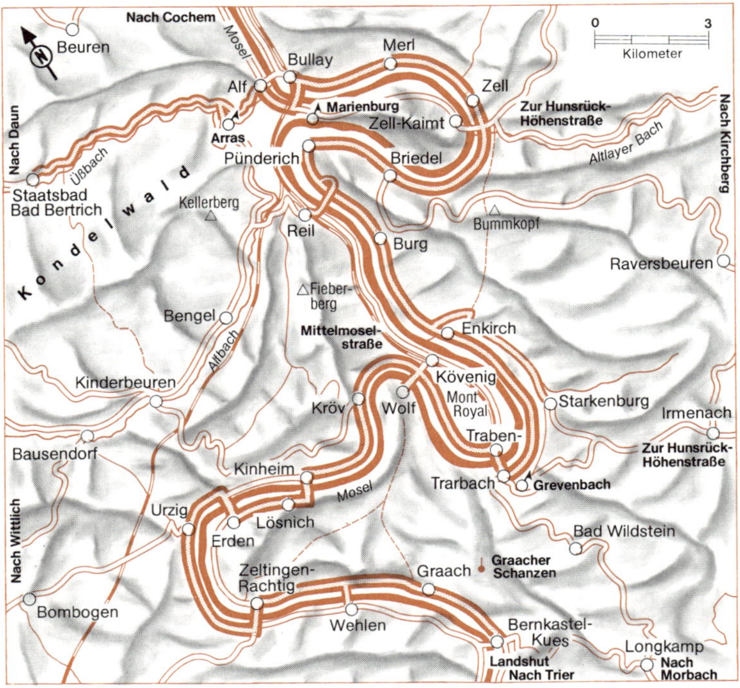

Auf der *B 53* setzen wir unsere Moselfahrt fort. Gleich hinter der doppelstöckigen Straßen- und Eisenbahnbrücke führt sie hinauf zur

Marienburg (316 m). Weithin sichtbar liegt die ehemalige Klosteranlage auf dem Kamm eines sehr langen und schmalen Höhenrückens, genannt „Zeller Hamm" (aus althochdeutsch hamo = Haken). Diese birnenförmige, halbinselartige Landzunge ist eine der besonders markanten Schleifen im Moseltal. Der Platz forderte zum Bau einer beherrschenden Anlage geradezu heraus. Auf einer *Kultstätte* aus *heidnischer* Zeit legte der Trierer Erzbischof eine Burg an. 1127 erbaute Abt *Richard von Springiersbach* für adlige *Augustinerinnen* ein *Kloster* und legte 1146 den Grundstein zur ersten *Marienkirche.* 1515 löste der Kurfürst das Kloster „wegen gelockerter Zucht der Chorfrauen" auf und baute es zu einer starken Feste aus. Im 16. Jahrhundert und während des Dreißigjährigen Krieges wurde die Burg immer wieder umkämpft und stark mitgenommen. Danach verfiel sie, vor allem im Zweiten Weltkrieg. *Die Diözese Trier* machte aus ihr eine *Jugendschulungsstätte* mit Hotel. Die Reste des *gotischen Chores* der alten Klosterkirche sind in die neue Kirche einbezogen. Das *Bergrestaurant* bietet einen unvergleichlichen Blick auf beide Ufer der Haarnadel-Moselkurve mit ihrem bewaldeten schmalen Ansatz, genannte „Reiler Hals" (schöner Fußweg vom Weinort *Reil* zur *Marienburg* und nach *Alf*).

Auf der gleichen Straße geht es zurück an die Mosel, dann links einige hundert Meter zurück und rechts über die Doppelbrücke (unten Straße, oben Eisenbahn) nach *Bullay*, einem Winzer- und Ferienort, danach weiter auf der rechtsseitigen Moselstraße zum Ortsteil

Merl, einem schon 782 als *Merila* bezeugten Weinort, der heute ein Stadtteil von *Zell* ist. Seine Winzer gingen als erste im 17. und 18. Jahrhundert zur heute an der Mosel fast ausschließlich angebauten *Rieslingtraube* über.

Der lang am Fuß des „Hohen Königs" (371 m) sich hinziehende Zeller Vorort

Marienburg

weist eine Reihe sehenswerter Bauten auf. Die katholische *Pfarrkirche* geht auf das Jahr 1280 zurück. Sie war einmal Franziskaner-Klosterkirche (umgebaut 1728) und gilt als charakteristisches Beispiel eines einschiffigen Gotteshauses der *Frühgotik*. Ihr um 1525 aufgestellter *Hochaltar* gehört zu den Meisterstücken Antwerpener Schnitzaltäre des 14./15. Jahrhunderts. Den Friedhof am Berg überragt der *romanische Turm* aus dem 12. Jahrhundert, einer der ältesten dieser Stilepoche im Trierer Land (1980/81 renoviert). Mehrere ansehnliche alte klösterliche und adlige *Weinhöfe*, darunter das *Burghaus der erzbischöflichen Vögte* (16. Jh.), lohnen die Besichtigung. Merl wurde 1969 nach *Zell* eingemeindet.

DB-Bahnhof Bullay (mit Bus zu erreichen).

nach Alf, Traben-Trarbach, Bernkastel–Trier.

„Bürgerstube".

Bald erreichen wir das Kerngebiet des Städtchens

***Zell** (5500 Einw.), 6 km. Es ist der Hauptplatz im *Hamm*. Viel Platz blieb hier nicht zwischen Fluß und Berg. Man mußte die Häuserzeilen stark strecken, wodurch Moselfassade und -promenade nur gewannen. Auf halber Berghöhe steht mitten auf dem Rebenhang der berühmten „Schwarzen Katz" der *Runde Turm* mit seinem barocken Schieferhelm, Zells weithin sichtbares Wahrzeichen.

Zell führt seinen Ursprung auf die *Keltenzeit* zurück. In die Geschichte trat es zur *Römerzeit* als Rast- und Zwischenstation mit Versorgungsanlagen (daher *cella*, daraus der heutige Name) ein. Hier ging eine vom *Hunsrück* zur *Eifel* hinüberführende Straße vorbei. Im Stadtteil *Kaimt* (aus *keltisch cambetum* = Platz an der Flußbiegung) am linken Moselufer entstand früh (um 690) ein *merowingischer Königshof*. 1229 erhielt Zell seine Wehr aus Mauern und Türmen als fester *kurtrierischer* Platz (wohlerhalten der *Runde Turm*). 1512 besuchte Kaiser *Maximilian* die Stadt und nahm als willkommene Gastgabe ein Fuder besten Weines mit (*Wandteppichszene* im *Rathaus*). Eine halbe Hundertschaft streitbarer Zeller unter ihrem Amtmann *Dietrich von Metzenhausen* half dem Trierer Erzbischof 1522 mit großer Bravour bei der Verteidigung der Stadt gegen *Franz von Sickingen*. Daher der unvergessene anerkennende Volksspruch im Moselvölkchen: „He stait ferme (fest) wie 'n Zeller us'm Hamm!" Damals verlegte Kurfürst *Richard von Greiffenklau* wegen der Verläßlichkeit seiner Zeller Untertanen den Amtssitz dieses Bereichs von *Burg Arras* nach *Zell*, 1530–1543 ließ er das entzückende kurfürstlich-trierische *Schloß* bauen. Seine ursprünglich als Toreinfahrt benutzte, von zwei Rundtürmen flankierte Vorderfront in *spätgotischem* Stil führte zum Sitz und Hof des Amtmanns und Kellners. Nicht nur Romantiker wissen das reizende *Hotel* mit seiner gepflegten Gaststätte zu schätzen. Unter den vielen alten aus früheren Zeiten überkommenen *Giebelhäusern* ist das mit seinem Wappen verzierte des *Kurfürsten von Metzenhausen* eines der schönsten, das Fachwerkhaus (von 1629) der *Grafen Boos-Waldeck*, heute *Haus Treis* im Stadtteil *Kaimt* auf dem linken Moselufer, eines der glanzvollsten.

Auf dem kleinen *Marktplatz* steht als Wahrzeichen der Stadt der *Brunnen* mit der Figur der „Schwarzen Katz" vor der „Laaw" (= Marktlaube, vormals Frucht- und Flachshalle).

Die Weinstadt Zell verdankt ihren Weltruf als Stadt der „Schwarzen Katz" einem Zufall: Vor langer Zeit erlebten reiche Aachener Kaufleute bei einer Weinprobe in Zell, daß eine schwarze Katze auf das Faß sprang, ihren Rücken wölbte und die Runde scharf musterte. Daraus folgerten die Käufer, dies Fuder müsse besonders köstlich sein. Seitdem heißt die Lage, der es entstammte, „Schwarze Katz".

In die *Kaimter Pfarrkirche* mit einem Turm aus dem 11. Jahrhundert ist eine Steintafel mit dem ältesten Bildnis eines

Zell: Brunnen „Schwarze Katz"

freien Moselwinzers eingemauert. An der Tabernakelwand der Kirche steht ein *spätromanisches Kruzifix* (13. Jh.; Schule des *Gerart von der Leyen*), in der klassizistischen *Zeller Peterskirche* (1793) eine *Madonna* aus dem 15. Jahrhundert.

Von Zell führt die *B 421* in zahlreichen Kurven durch ein landschaftlich reizvolles Seitental hinauf zur *Hunsrückhöhenstraße* (Koblenz–Saarland).

i Tourist-Information Zeller Land, Rathaus, Tel. (0 65 42) 7 01 22.

DB-Station Bullay, 5 Minuten Autofahrt.

nach Cochem, Kastellaun, Trier.
Mosel-Personen-Schiffahrt Cochem–Bernkastel.
links der Mosel „Mosella".
„Schloß Zell".

„Grüner Kranz", „Zur Post", „Am Brunnen", „Weinhaus Mayer".

In weitem Bogen um den *Hamm*, der hier flach abfällt und ganz mit mosaikartig gefügten Rebenfeldern bedeckt ist, fährt man auf der hier teils sehr engen und kurvenreichen *B 53* zum nächsten Ort mit geschätzter Lage:

Briedel (1250 Einw.), 11 km. Dieses Winzerdorf, das 748 als *Bredaculum*, 944 als *Praedolium* (abgeleitet von lateinisch pratellum = kleine Wiese) in Urkunden erscheint, ist ein moselländisches Schmuckstück. Auf weit frühere Besiedlung kann man aus *Gräberfunden* (Urnen, Bronzeringe) aus der *Hallstattzeit* (1000–500 v. Chr.) schließen. Sie kamen auf einem Gräberfeld in der nahen „Briedeler Heck" (= Gehölz) zutage, durch die ein alter Verbindungsweg vom *Hunsrück* an die *Mosel* führte. Die *Römer* hatten hier einen *Wachtturm* (Reste erhalten). Im Mittelalter wurde der Ort durch einen turmverstärkten Mauerring bewehrt (*Eulenturm* und *Mauerreste* erhalten).

Ursprünglich waren *Luxemburger Grafen* hier Lehnsherren, danach die *von Salm*, bis *Kurtrier*, wie häufig an der Mosel, den Ort durch Kauf erwarb (1373). Abteien, Klöster und Adlige unterhielten in Briedel Weinhöfe und Fachwerkbauten. Gut erhalten ist das *Gemeindehaus* aus dem Anfang des 17. Jahrhunderts. Die hochgelegene *Pfarrkirche St. Martin*, Briedels Wahrzeichen, besitzt schöne Deckenmalereien, die an ähnliche im *Kloster Springiersbach* erinnern.

Wie manche Weinorte, so verstand auch dieser, durch seine bekannt gewordene Lage, das „Briedeler Herzchen", die Zungen (und Herzen) von Moselweinfreunden für sich einzunehmen.

nach Traben-Trarbach und Bullay.
„Briedeler Haus", „Briedeler Herzchen", „Zum Musikalischen Wirt".

Die *B 53* führt vorbei am idyllischen Wein- und Ferienort

Pünderich (1000 Einw.), 14 km, einem rührigen Winzer- und Erholungsort, der seinen Namen vom lateinischen Pontariacum (pont = Fähre) herleitet. Wie zur Römerzeit verbindet noch heute eine Fähre die beiden Moselufer, an deren steilen, sonnenbestrahlten Schieferhängen unterhalb der Marienburg edle Weinkreszenzen reifen. Das Fährhaus von 1621 mit Schnitzarbeiten im Holzfachwerk ist gleichermaßen gut erhalten wie andere Fachwerkhäuser, herrschaftliche Zehnthäuser und Kellereien. Das alte Rathaus mit der Torbogeninschrift und mit seinem wuchtigen Treppenrundturm ist ein Schmuckstück.

DB-Strecke Koblenz–Bernkastel–Trier, Bahnstation Bullay.

Buslinie Bullay–Trier.

„Weinhaus Lenz", „Weinhaus Lütz", „Alte Dorfschenke", „Marienburg".

an der Mosel. – Wassertretanlage; Weinkellerbesichtigungen.

Die Weiterfahrt auf der rechtsseitig geführten *B 53* („Moselweinstraße") verlockt zum Abstecher über die elegante, selbstfinanzierte Moselbrücke der großen Weinbaugemeinde

Reil (1600 Einw.), 18 km. Dieses Dorf aufgeschlossener Winzer und Weinhändler blickt auf eine mindestens tausendjährige Tradition zurück. Es besitzt eine ganze Reihe seine engen Gassen zierende *Fachwerkhäuser*. In Reil hatten dank guter Südlagen im Mittelalter hohe Herren Weingüter und Einkünfte, so die *Augustiner* des Klosters *Springiersbach*. Um die Jahrtausendwende gehörte die als *Rila* oder *Rigila* (= Wasserrinne) 1008 erwähnte Siedlung zum „Cröver Reich" der *karolingischen Könige*. Nach nicht ganz sicheren Quellen ist in Reil *Gerhart von Ryl*, der berühmte Baumeister des *Kölner Domes*, geboren. Stammsitz eines von zwei Reiler Adelsgeschlechtern war das *Burghaus* („castellum in Riel").

Die Reiler verstanden es, einer ihrer besten Lagen einen ausgezeichneten Ruf zu verschaffen. Es ist die Kreszenz, von der ein kleiner Vers erzählt: „Nur dieser Wein war's weit und breit, der mich aus Teufels Klau'n befreit. So sprach der Pfalzgraf. Doch den Wein, den nannte er „Vom Heißen Stein".

DB-Strecke Bullay–Traben-Trarbach. – Personenschiffahrt.

Bullay–Trier.

„Weinhaus Nalbach", „Zur Traube", „Reiler Hof", „Zur Linde".

Mit im Schnitt rund 2000 Fudern Jahresernte (von etwa 180 Hektar) ist Reil eines der größten Weinanbaugebiete an der *Mosel*.

Eine Wanderung von Reil über den „Reiler Hals" (nur zu Fuß) zur *Marienburg* ist wegen der herrlichen Ausblicke überaus reizvoll. Sehr lohnt auch der Weg (gute Autostraße) über den Bergrücken ins *Alfbachtal* und zur idyllisch in einer Talaue gelegenen *Abtei Springiersbach* am Südhang des waldreichen *Kondel* (von Reil 6 km). Die Abtei geht auf eine Gründung durch *Benigna von Daun*, die Witwe des pfalzgräflichen Ministerialen *Rochus von Daun*, eines Vogtes des „Cröver Reichs", Anfang des 12. Jahrhunderts zurück. Sie entwickelte sich zu einer der bedeutendsten geistlichen Stiftungen im Moselland. Gegen Ende des 18. Jahrhunderts wurde sie ein adliges *Augustiner-Chorherrenstift*. Bald danach löste die Welle der Französischen Revolution, die über das Moselland rollte, das Ritterstift auf. Im Zuge der Umwandlung in weltlich-staatlichen Besitz wurde 1802 das gesamte Vermögen zugunsten des *französischen*

Abtei Springiersbach

Staates verkauft. Erst 1922 zog nach Erwerbung der ehemaligen *Klosterkirche* und eines Flügels des Gebäudekomplexes wieder mönchisches Leben im fast tausendjährigen Stiftsbezirk ein. Das Stift, durch Zukauf wesentlich erweitert, ist *Wallfahrtsort* der *Karmeliten*.

Die 1940 durch Brand zerstörte *Barockkirche* (auf *romanischen* Teilen 1769 erbaut) erstand, schöner noch, während des Krieges und danach neu. Die wundervollen *Deckengemälde* in dem hochschiffigen Hallenbau schuf der Kirchenmaler *Franziskus Freund* aus *Bernkastel*.

Doch zurück zur Mosel. Die rechtsseitig verlaufende *B 53* passiert nach der Reiler Brücke das nahe Winzerörtchen *Burg* (800 Einw.), 20 km, mit einigen schmucken *Fachwerkhäusern* und erreicht bald den weit größeren und bekannteren Ort

Enkirch (2000 Einw.), 23 km. Seine Anfänge gehen sicher viel weiter, nämlich auf *keltische* Zeit, zurück, als das geschichtlich verbürgte früheste Datum (733) angibt. Der Name entstand aus *Anchiriacum*, was auf eine *römische* Besiedlung schließen läßt. Weitere sichtbare Beweise dafür sind *Münzfunde*, Figuren des römischen Kriegsgottes *Mars* und *Marmorsäulen* (heute als Pfeiler im Weinkeller des Gutes *Langen*).

Enkirch mit seinen malerischen Winkeln ist ein Musterbeispiel moselländischer *Fachwerkbaukunst*. Kaum ein anderer Moselort hat so viele wohlbewahrte und anmutige Häuser mit kunstvollem Schnitzwerk an Balken, Giebeln und Erkern aufzuweisen. Enkirch gehörte seit 908 – wohl auch wegen seiner früh geschätzten Weinlagen – als Reichslehen zu *Kurtrier*. Vom 12. Jahrhundert bis zum Ende des alten Reiches war es *gräflich-sponheimisch*. Dieses auch an der Mosel einflußreiche Hunsrück-Nahe-Geschlecht führte 1557 in Enkirch die *Reformation* ein. Seitdem sind – ungewöhnlich im Moselland – die Einwohner überwiegend *protestantisch*. Schon immer war bodenständiges ges Handwerk, vornehmlich weinbaubezogenes, in Enkirch stark vertreten.

Die wehrhafte *protestantische Pfarrkirche* beruht auf *gotischem* Baukern (13. Jh.). Die *katholische Pfarrkirche* (15. Jh.) mit romanischen Türmen (12. Jh.) war bis zur Reformation *Franziskaner-Wallfahrtskirche*. *Weingutshöfe* und *Zehnthäuser* reicher Klöster und lebenskluger, einflußreicher weltlicher Herren sind in gutem Zustand erhalten. Sie werden wie eh und je als Kellereien benutzt. An die einstigen Besitzer, die der französische Revolutionssturm hinwegfegte, erinnern nur die stolzen Namen und bunten Wappen. Es empfiehlt sich, die historischen *Weinhöfe*, *Stadtmauer* mit *Stadttor*, *Drehkäfig* (Drilles) sowie die *Enkircher Heimatstuben* (mit *Winzerküche*, *Schöffenstube* mit Emblemen und Urkunden mittelalterlicher Gerichtsbarkeit, *Zunftstube*, *Küfer*- und *Schuhmacherwerkstatt*, *Weinbau*- und *Kellereigeräten* und einer *Mineraliensammlung*) zu besichtigen.

Die *Staustufe Enkirch* mit Kraftwerk und Schleusen (6. v. Koblenz, 100,5 m ü. d. M.) hebt die Mosel hier gegen die *Stufe St. Adelgund* um 7,5 m an.

Enkirch: Fachwerkhäuser

DB-Strecke Bullay–Traben-Trarbach, Station Kövenig.

Bullay – Zell – Traben-Trarbach – Bernkastel–Trier; Ausflugsfahrten nach Idar-Oberstein, Bingen, Trier, ins Rhein-Ahr-Gebiet und nach Luxemburg.

Schiffsanlegestelle. – Personenfähre nach Kövenig. – „Neumühle", „Petersheim", „Steffensberg". – „Dampfmühle", „Anker", „Sonne".

Oberhalb *Enkirch* der durch seine einzigartige Lage bevorzugte Winzerort **Starkenburg** (250 Einw.). Die Fußwanderung auf dem *Moselhöhenweg* (3 km) lohnt sich; auch eine gute Autostraße führt hinauf. Der hier ganz schmale Felsgrat läßt nur eine einzige enge Straße mit zwei langen Häuserzeilen zu. Der Blick von dieser Höhe (350 m ü.d.M.) über sehr steilen Süd-Rebhängen auf das tiefeingeschnittene Moseltal und eine hier wieder weit ausladende, markante Flußschleife reizte die *Römer* zur Anlage einer beherrschenden Feste. Bodenfunde, u. a. der *Grabstein des Jedurcius*, sind deutliche Beweise dafür. Von der im Mittelalter weit und breit stärksten Moselburg blieb leider fast nichts übrig. Um so unauslöschlicher sind die historischen Ereignisse, ist vor allem die Tat einer stolzen Frau, einst Herrin dieses Felshorstes.

Die *Sponheimer Grafen* hatten seit 1125 (unter *Heinrich I. von Sponheim*) auf der Starkenburg ihren Stammsitz für die „Hintere Grafschaft". Er befand sich hier, den Unmut der Kurfürsten herausfordernd, mitten im *Trierischen*. Zur Zeit *Balduins von Luxemburg* saß auf der Starkenburg Gräfin *Lauretta* aus dem Hause der *Grafen von Salm*, die allzu junge Witwe des Grafen *Heinrich II. von Sponheim*. *Balduin* versuchte mit allen Mitteln, die Sponheimer unter seine Botmäßigkeit zu bringen, vor allem deren „Hintere Grafschaft" mit der Starkenburg. Die kluge, mutige, überdies ungewöhnlich schöne Sponheimerin verfiel auf eine List. Sie ließ ihren geistlichen Widersacher 1327 während einer Schiffsreise moselabwärts gefangennehmen und hielt ihn auf ihrem uneinnehmbaren Horst neun Monate lang in Ehrenhaft. Weder päpstlicher Bannfluch noch Proteste und Drohungen von allen Seiten, selbst vom Kaiser, konnten sie einschüchtern. Schließlich gab sie den Erzbischof frei — unter harten Bedingungen: Verzicht auf alle kriegerischen

Unternehmungen gegen die Sponheimer, Aufgabe seiner Ansprüche auf das „Cröver Reich“, Zahlung eines ansehnlichen Lösegeldes. Die Starkenburg verfiel, als Laurettas Sohn die *Grevenburg* im benachbarten *Traben-Trarbach* zu seinem Stammsitz ausbaute (1357).

Von Enkirch ist man rasch, vorbei an den Steilhängen unterhalb der Starkenburg, auf einer gut ausgebauten Straße in der Stadt

Traben - Trarbach (6600 Einw.), 28 km. Sie liegt ziemlich genau am Scheitel der engen Schleife mit dem berühmt-berüchtigten *Mont Royal.* Diese moselumschlungene Halbinsel ähnelt in der Größe wie in der Form der *Zeller Hamm.* Die rührige Stadt zog früh ihren Wohlstand mehr aus dem *Weinhandel* als aus Eigenanbau von Wein. In geräumigen Kellereien lagern etwa 35 000 Fuder (ein Fuder, preußisch = 1000 Liter).

Traben-Trarbach ist ein *Fremdenverkehrszentrum*, zugleich *Kur-* und *Badestadt.* Dank der nahen *Staustufe Enkirch-Kövenig* spielt auf dem auch hier seeartig verbreiterten Fluß der *Wassersport* eine große Rolle (Internationale Motorbootrennen).

Kelten hatten sich schon früh an diesem bevorzugten Platz niedergelassen. Der Ortsname *Travene* taucht bereits Anfang des 9. Jahrhunderts auf. *Keltische* und *römische Bodenfunde* sind auch hier reichlich vorhanden. Der frühesten Urkunde zufolge übertrug Kaiser *Ludwig der Fromme* dem *Königsstift zu Aachen* den Ort. Die *Sponheimer* führten unter ihrem Grafen *Johann III.* Mitte des 14. Jahrhunderts die *Greven*-(Grafen-)*Burg* für die „Hintere Grafschaft“ auf. Sie bezogen den Ort in den Wehrbereich ihres Residenzschlosses mit ein, und so überflügelte das rechtsseitige *Travenderbach* (1143 erwähnt), aus dem *Trarbach* wurde, die linksseitige ältere Siedlung *Traben.* Die 1899 fertiggestellte Brücke verband sie zur Doppelstadt, wurde jedoch im 2. Weltkrieg zerstört. Die jetzige Brücke entstand erst nach Kriegsende.

Die Sponheimer Mittelmosel-Herrschaft fiel durch Erbteilung an die *Pfalzgrafen von Simmern* und die *Badischen Markgrafen*, die sie gemeinsam verwalteten. Die vom Pfalzgrafen *Friedrich* eingeführte *Reformation* machte 1557 die Einwohner der ganzen „Hinteren Grafschaft“ zu *Protestanten.* Lange Zeit galt die *Grevenburg* als eine der bestbewehrten Festen des Mosellandes. Daher hat Traben-Trarbach eine besonders leidvolle Geschichte hinter sich. In allen Kriegswirren, denen das gern als Durchzugsgebiet gewählte Moselland ausgesetzt war, lösten lange Belagerungen und drückende Besatzungszeiten einander ab. Schweden, Kaiserliche, Spanier, Franzosen und Holländer, kurtrierische und preußische Truppen berannten und verteidigten, eroberten und plünderten die Stadt. König *Ludwig XIV.* von Frankreich wollte aus ziemlich fadenscheinigen Ansprüchen die Herrschaft über alles Land westlich des *Rheins* mit Gewalt erzwingen. Er ließ 1687–1692 durch seinen berühmten Festungsbaumeister *Vauban* auf dem Hochplateau im Innern der Moselschleife die gewaltige Zwingfeste *Mont Royal* errichten. Vom *Mont Royal* aus sollte das ganze von Frankreich eroberte Gebiet beherrscht werden. Die französischen Truppen, die damals mit wenigen Ausnahmen alle Burgen zerstörten, wovon deren Ruinen noch heute Zeugnis geben, zogen zumeist von hier aus. Noch unvollendet, wurde die Feste aufgrund des *Friedens von Rijswijk* (1698) geschleift. Die sehenswerten Reste erreicht man über die gut befahrbare *Neue Straße.* Die Segel- und Motorflieger haben auf dem Plateau einen idealen Flugplatz.

Das Todesurteil für Stadt und Burg kam von *französischer* Seite. Im *Spanischen Erbfolgekrieg* (1701–1714) wurde die Grevenburg belagert und eingenommen. Während des *Polnischen Erbfolgekrieges* sprengte der französische Ingenieur *Delorme* 1734 die

Grevenburg

ganze Burganlage in die Luft. Von da an verlor die geplagte Stadt ihre Bedeutung als Festung.

Trotz verheerender Brände (1857, 1879) überstanden in den beiden Stadtteilen einige sehenswerte Denkmäler die ereignisreiche Vergangenheit. Schmucke *Klosterhöfe*, herrschaftliche *Weinhöfe* und *Fachwerkhäuser*, vor allem in den eingemeindeten Vororten *Wolf*, *Litzig* und *Rißbach*, ansehnliche Patrizierbauten, zum Beispiel *Haus Kayser* (1750) im Rokokostil, vermitteln einen Eindruck vom einstigen Glanz dieser Stadt. Das *Haus Böcking* (hier wohnte *Goethe* einmal) birgt die heimatkundlichen Sammlungen des *Mittelmosel-Museums*. Der Turm der spätgotischen evangelischen *Peterskirche* (Stadtteil Traben; erbaut um 1000 vom *Aachener Stift*) enthält *romanische* Bauelemente. Die ehemelige *Nikolauskapelle* (14. Jh.; Stadtteil Trarbach) wurde im 15. Jahrhundert zu einer aus zwei Schiffen bestehenden Hallenkirche erweitert. Sie ist heute evangelische Pfarrkirche. Sehenswert sind auch die *Jugendstilbauten* von Prof. Möhring.

Im engen, romantischen *Wildbachtal* liegt am Stadtrand das neue Kurmittelzentrum des *Thermalbades Wildstein*, genannt nach einer nahen heidnischen Kultstätte. Das thoriumhaltige Heilwasser der Quelle (33°C) lindert Rheuma-, Gicht-, Ischias-, Blasen- und Nierenleiden.

i Kurverwaltung, Bahnstraße 22

🚃 Kopfstation der Stichbahn von Bullay über Reil.

🚌 nach Kirn über den Hunsrück, nach Zell-Bullay und nach Bernkastel–Trier.

⛴ nach Bernkastel und Cochem.

⛺ „Rißbach", an der *B 53*, linkes Moselufer. – ⛺.

Thermal-Hallen- und Freibad.

🏨🏨 „Krone",. – 🏨 „Bellevue", „Central", „Trabener Hof", „Bisenius", „Goldene Traube", „Moseltor". – Ferienanlage „Moselschlößchen".

Der Blick auf den Kartenabschnitt des Moseldurchbruchs zwischen *Schweich* und *Cochem* zeigt, daß die herzförmige Doppelschleife zwischen *Traben-Trarbach* und *Bernkastel*, was die Länge dieses Moselabschnitts und die Größe der von ihm umflossenen Landfläche betrifft, kaum hinter dem *Cochemer Krampen* zurücksteht. Das trifft auch auf die geschichtlichen Erinnerungen zu und — natürlich — auf den Ruf vieler gefeierter Moselkreszenzen. Unter ihnen nehmen die Lagen von *Kröv* und *Ürzig*, *Zeltingen* und *Wehlen* einen hervorragenden Rang ein.

Die *B 53* wechselt vom Stadtteil *Trarbach* über die Moselbrücke nach *Traben*, auf dem linken Ufer, über. **Auf dem rechten erscheint bald der 1969 nach *Traben-Trarbach* eingemeindete freundliche kleine Weinort**

Wolf, 32 km (⛺). Da die idyllische Moseltal-Bahn, „Sauf-Bähnchen" genannt, vor einigen Jahren stillgelegt wurde, bekam Wolf eine Straßenverbindung (B 53) zu den größeren Städten des Moseltals. Eine elegante Betonbrücke überspannt die Mosel und verbindet den Ort mit dem linken Moselufer. Einige entzückende *Fachwerkhäuser* hellen die winkligen Gäßchen freundlich auf. Ihre Bauart erinnert an ähnliche Häuser in *Enkirch*, *Burg* und *Traben-Trarbach*, die ebenfalls einmal zur „Hinteren Grafschaft Sponheim" gehörten. Gleich jenen hatten die Wolfer 1557 zum *protestantischen* Glauben überzutreten: „cuius regio eius religio" (lateinisch: „wessen das Land, dessen die Religion"), lautete der Grundsatz des *Augsburger Religionsfriedens* von 1550, nach dem der Landesfürst die Konfession der Untertanen bestimmte. Damals mußten die frommen *Brüder vom gemeinsamen Leben* ihre wehrhafte Klosteranlage auf dem nahen den Ort überragenden *Gokkelsberg* aufgeben. Schon 804 stand auf diesem Luginsland eine der ältesten *Pfarrkirchen* des Mosellandes, die auf dem Gelände eines römischen Kastells errichtet wurde. Heute ist von dem bedeutenden Bau so gut wie nichts mehr vorhanden (Rest des *romanischen Turms* und des *Chors* aus der 1. Hälfte des 13. Jh.). Unvergänglich bleibt die herrliche Aussicht von hier weit ins Land hinein – bis nach *Ürzig*, nach *Traben-Trarbach* und ins *Kautenbachtal*.

Auf dem linken, von Felshängen überragten Moselufer bringt die *B 53* uns in wenigen Minuten zu einem der bekanntesten Weinorte, nach

Kröv (2900 Einw.), 34 km. In diesem als *Croviacum* schon in *römischer* Zeit schriftlich belegten Ort unterhielten die *Frankenkönige* einen großen Hof. Zu diesem Besitz gehörten noch sieben benachbarte reichsunmittelbare Dörfer, darunter *Kinheim, Erden* und *Reil,* die schon früh hochgeschätzte Weine zogen.

Die mindestens zwölf Jahrhunderte alte Geschichte des aus diesen Gemarkungen bestehenden „Cröver Reichs" ist erfüllt von interessanten Begebenheiten. Das *Sgraffito* am *Rathaus* verzeichnet die Orte samt Wappen und die Grenzen dieses Herrschaftsbereiches (755—1790). Kröv führt im Ortswappen einen *doppelköpfigen Reichsadler.* Im Laufe der Jahrhunderte stritten sich anspruchsvolle Herren, Kirchen und Klöster, vornehmlich wegen der durch Südlagen vorzüglichen Weine, um die *Herrschaft Kröv.* Doch hätte dies nicht allein zum heutigen Weltruf Krövs beigetragen; um so mehr und einprägsamer tat das der Name seiner meistbekannten Lage.

Der berühmte „Kröver Nacktarsch" läßt nicht nur Moselweinfreunde schmunzeln. Diese anstößige Bezeichnung ist jedoch nichts anderes als die Verballhornung des Wortes *Nektar,* also eines himmlischen Tranks, den schon Römer und Griechen, darunter der Dichter *Homer* sehr zu schätzen wußten. Demnach steckt sogar ein Fünkchen Poesie im Namen dieser Weinmarke, die man in den gemütlichen Weinstuben oder auch unmittelbar beim Winzer probieren sollte.

Als erste urkundlich bezeugte Herren verwalteten die *Pfalzgrafen von Aachen* diesen gottgesegneten Weinsprengel. Kaiser *Rudolf von Habsburg* gab ihn 1274 als Pfand an die *Grafen Sponheim,* denen er sich wegen ihrer wertvollen Dienste verpflichtet fühlte. Den *Grafen von Daun* gehörten die einträglichen Vogteirechte. *Kurtrier* erwarb sie zur Abrundung seines Herrschaftsbereichs 1355 durch Kauf. Als Verwalter mit Einkunftsrechten setzte der Erzbischof die moselländischen *Grafen Kesselstatt* ein.

Schon um die Mitte des 8. Jahrhunderts vermachte der fränkische König *Pippin III.*, genannt „der Kleine", die *Kirche* zu Kröv der machtvollen *Abtei Echternach.* Diese erbaute fast ein Jahrtausend später (1725) die heute noch bestehende *St.-Remigius-Kirche* im Barockstil.

Auf den Rebenhängen nahe dem Ort steht seit der Mitte des 17. Jahrhunderts die *Grabkapelle der Kesselstatts.* Gut zwanzig geistliche und adlige Besitzer hatten wegen der hochgeschätzten Kreszenzen in Kröv Weinhöfe. Der ansehnlichste ist das *Zehnthaus der Abtei Echternach,* dessen barocke Fassade zum Fluß hinschaut. Eine ganze Reihe schöner *Fachwerkhäuser* wird liebevoll erhalten, darunter als eines der schönsten im Moselland das „Dreigiebelhaus", welches Mitte des 17. Jahrhunderts von den Bürgern als Rathaus erbaut wurde. – Zur Gemeinde Kröv gehört der am Fuß der Nordhänge des *Mont Royal* gelegene kleine Ort *Kövenig.*

Am 1. Juli-Sonntag feiert Kröv sein Trachtenfest.

i Verkehrsbüro, R.-Schumann-Straße 63.

nach Wittlich, Trier und Bullay.

Bernkastel–Traben–Trarbach.

Feriendorf Mont Royal (Bungalows).

„Reichsschenke Ritter Götz", „Ratskeller", „Moselterrasse", „Zum guten 3
Tropfen", „Echternacher Hof". – Beheiztes. – Wein-Lehrpfad.

Wieder einmal lassen steil emporführende Rebenhänge und -absätze nicht viel Platz für den nächsten Ort,

Kinheim (1100 Einw.), 37 km. Mitten in dem schmalen Dorf steht an der alten Hauptstraße der *Turmrest* einer *mittelalterlichen Burg.* Direkt gegenüber liegt, über eine Brücke erreichbar, das zu Kinheim gehörende *Kindel.* Fast anschließend schmiegt sich, an der hier beginnenden rechtsseitigen Fahrstraße gelegen, der alte Weinort

Lösnich (500 Einw.) an das fruchtbare, sanft abfallende Schwemmland an. Die ursprünglich *keltische* Siedlung hieß zur *römischen* Besatzungszeit *Lonsetum* und ist 1056 erstmals urkundlich erwähnt. Infolge seiner günstigen Lage erschien der Besitz dieses Ortes schon früh großen Herren verlockend. Nach mancherlei Wechseln erwarb 1324 der streitbare Erzbischof *Balduin* die Gemarkung Lösnich. Mit der Verwaltung des Besitzes wurden nacheinander ein *Herr von Lösnich,* die *Grafen Sponheim* (1337), Freiherr *Johann Bayer von Boppard* (Mitte des 16. Jh.), die *Herren von Kriechingen* und schließlich die *Grafen von Kesselstatt* (16.—18. Jh.) betraut. Nach dem *Wiener Frieden* (1815) kam das ganze Moselland dann an *Preußen.* – „Heil", „Hettgen".

Bald ist man im altertümlichen

Erden (500 Einw.), 2,5 km ab *Brücke Kinheim.* Der freundliche Ort machte sich einen Namen durch seine berühmte Lage „Erdener Treppchen" auf den steilen Schieferhängen gegenüber, am linken Ufer. Darauf deutet auch der heutige Ortsname (aus dem *treverischen Arduenna* = hohe Bergleite entstanden).

🚌 nach Bullay und Trier.

⛴ Motorbootanlegestelle.

⌂ „Alter Weinhof", „Zum Erdener Treppchen", „Zum Moseltal".

Eine Brücke verbindet die beiden Ufer miteinander, für die Erdener unentbehrlich, da auch ihre besten Weinberge, die Südhänge, gerade am linken Flußufer liegen. Über die *B 53* erreicht man alsbald

Ürzig (1250 Einw.), 45 km. Sein Name entstand aus *keltisch-römisch Ursiacum* („Hof des Ursus"). Schon früh reizte diese sonnenbegnadete Stelle am Scheitel des großen Moselbogens dazu, sich hier niederzulassen und den schroffen Felssturz der *Urlay* durch einen uneinnehmbaren Horst zu krönen. Eine spätere Urkunde spricht von *Urcetum* an der Stelle des heutigen Ürzig. Es gilt als einer der ältesten Plätze im Moselland, hatte eigenes Freigericht, das 1360 von den Pfalzgrafen auf das gräfliche *Haus Sponheim* übertragen wurde. Von den mittelalterlichen Burgen steht zwischen den südseitigen Rebhängen nur noch ein *Wachtturm*, auf dessen Südseite Ürzigs *Sonnenuhr* die Tageszeiten anzeigt.

Ürzigs ereignisreiche Geschichte verzeichnet eine grausige politische Bluttat aus dem Jahre 1066. Kaiser *Heinrich IV.* hatte auf den Rat des Kölner Erzbischofs *Anno* hin den Propst *Kuno von Pfullingen* für den verwaisten Trierer Erzbischofsstuhl bestimmt. Doch war den Trierer Herren diese Wahl nicht recht. Sie dingten den Burggrafen *Theoderich*, *Kuno* auf der Reise nach *Trier* zu beseitigen. In *Kyllburg* überfiel er ihn und schleppte ihn auf die Ürziger Burg. Hier stieß man den Erzbischof über den zackigen *Urlayfelsen* in die Tiefe hinab und schlug dem zerschmetterten Leichnam obendrein den Kopf ab. 800 Jahre später setzten die frommen Ürziger dem heiliggesprochenen Kirchenfürsten eine aus Holz geschnitzte Figur auf den Turm an der *Urlay*.

Außer schmucken *Fachwerkhäusern* sind die *Weinhöfe* der Abteien *Himmerod* („Mönchhof") und *Springiersbach* Zeugen der langen Geschichte des Ortes. Sicher wußten die lebensfrohen geistlichen Herren den Wein aus dem „Ürziger Würzgarten" oder den Lagen „Urglück" und „Urlay" zu würdigen.

🚗 Koblenz–Trier.

🚌 nach Bullay, Trier, Kröv, Wittlich.

⛴ Bernkastel–Traben-Trarbach.

🏨 „Würzgarten", „Moselschild", „Zehnthof".

⌂ „Alter Klosterhof", „Zur Traube", „Rotschwänzchen", „Ratskeller", „Adams", „Im Sonnenschein".

Erden, *Ürzig* und die an der weit ausholenden Moselschlinge hüben wie drüben aufgereihten Weinorte mit ihren Rebenhängen zählen zu den „Fürsten der Mosel" unter den kaum zählbaren Weinbaugemeinden, so auch das ziemlich große

Zeltingen-Rachtig (2850 Einw.), 49 km, zu dem eine Brücke führt. Kurz davor liegt in der fruchtbaren „Tafel", schräg gegenüber Zeltingen, die 1084 gegründete *Benediktinerinnenabtei Machern* (von maceria = Mauer). 1238 zogen hier adlige *Zisterzienserinnen* ein. 1802 wurde das Kloster im Zuge der Säkularisation in den von *Frankreich* beanspruchten Gebieten westlich des *Rheins* aufgelöst. Der Ende des 17. Jahrhunderts erbaute *Chor* der *Klosterkirche* blieb (als Hauskapelle) erhalten. Der Verwaltungssitz *Zeltingen*, der auf *keltische* Anfänge zurückgeht, wurde durch den Kölner Erzbischof *Kunibert* (622–654), der hier geboren sein soll, *kurkölnisches Amt* und blieb es bis zur *Französischen Revolution*. Erhalten ist in *Zeltingen* außer *Fachwerkhäusern* und dem mittelalterlichen *Marktplatz* die *St. Stephans-Kirche* aus der Mitte des 16. Jahrhunderts mit hohem, spitzem Turmhelm und einem *Renaissancealtar* des Trierer Bildhauers *J. R. Hoffmann* (um 1622). Außerdem steht noch der Sitz des kurkölnischen Amtmannes (1658), heute Pfarrhaus. Mehrere Wein- und Gutshöfe zeugen von traditionsreicher Weinkultur.

Kenner schätzen „Zeltinger Himmelreich", „Deutschherrenberg", „Schloßberg" und „Sonnenuhr".

Der viel kleinere Ortsteil *Rachtig* war vor der verheerenden Pestepidemie im 17. Jahrhundert der bedeutendere. Hier hatte die Pfarrei für die ganze Umgebung mit einer der ältesten Bergkirchen im Moselland ihren Sitz. Seit 1247 hatten die *Deutschordensritter* in Rachtig eine *Komturei*, wohl wegen des vorzüglichen Weines. Das erhaltene *Deutschherrenhaus* gilt als Musterbeispiel für spätgotische Profanbauten im Moselland. Erhalten ist auch noch der Turm der 1723 erbauten *Marienkirche*.

Noch im 18. Jahrhundert baute man in *Rachtig* ausschließlich einen weithin geschätzten Rotwein an. Nach *Ludwig Mathar* wurde er von den „Malmedyern" mit ihren zweirädrigen Karren, die zwei bis drei Fuder laden konnten, auf der „Weinstraße" vom Macherner Hafen über Wittlich, Prüm, Malmedy (zwecks Vermeidung der vielen Zollbelästigungen auf den Wasserstraßen) bis nach Flandern und Brabant verfrachtet. Als Erlös brachten die wetterharten Welschleute Leder auf den großen Rachtiger Ledermarkt.

🚌 Zeltingen–Wittlich Hbf. (Bahn Koblenz–Trier), Bullay–Trier.

⛴ Bernkastel–Traben-Trarbach.

⛺ rechts der Mosel.

🏨 „Zur Post", „St. Stephanus", „Moselblick", „Winzerverein", „Deutschherrenhof".

Auf der Weiterfahrt führt nach etwa 3 km eine Hängebrücke zum an der *B 53* liegenden Weindorf

Wehlen (1500 Einw.,), 51 km, Stadtteil von Bernkastel-Kues. Es wird um 867 als *Wanolon* erwähnt. An die Zeit früherer Herrschaften erinnern stattliche *Fachwerkhäuser* und *Weinhöfe* aus dem 16. bis 18. Jahrhundert. Der Ort liegt inmitten ausgedehnter Obsthaine, und man baut dort in hervorragenden Lagen gefeierte Weine an. Die „Wehlener Sonnenuhr", die wiederholt Bundes- und Staatsehrenpreise einbrachte, genießt unter den prämierten Spitzenweinen einen ausgezeichneten Ruf. „Mach' es wie die Sonnenuhr, zähl' die heiteren Stunden nur!" Zur Erfüllung dieses wohlgemeinten Rates an Moselweinfreunde und die, die es werden möchten, trägt die „Wehlener Sonnenuhr" sicher bei.

Unterhalb des Ortes stehen nur noch eine *Kapelle* und der *Marienbrunnen* vom Dorf *Inkard*, dessen sämtliche Einwohner im Mittelalter von einer Pestepidemie dahingerafft wurden

🚌 nach Bullay und Trier

⛺ auf Obstgrundstück am Ortsrand.

🏨 „Moselhotel", „Sonnenlay".

⌂ „Hauth", „Bergweiler". – 2 ⛺.

Etwas oberhalb *Zeltingens* befindet sich die 7. *Staustufe* (mit Kraftwerk und Schleusen). Ihr Wehr hebt die *Mosel* um 7,5 m auf 100,5 m ü. d. M. an und verbreitert den Fluß wieder einmal seeartig.

Auf der guten rechtsseitigen Straße nähert man sich alsbald dem „Himmelreich". Dies ist der vielversprechende, sehr werbewirksam gewählte Name einer der bekanntesten Krezenzen des Weindorfes

Graach (800 Einw.). Hier ernteten früh Trierer Dompröpste, Äbte und Jesuiten aus eigenen Weingütern herrliche, duftig-spritzige Weine. Gerühmte Lagen sind auch „Dompropst", „Abtsberg" und „Josephshöfer". Die 116 ha große Rebfläche besteht zu 95% aus Riesling-Weinbergen.

Graach ist stolz auf seine idyllischen *Fachwerkhäuser* und die *spätgotische Kirche* (1601 fertiggestellt) mit Renaissanceportal und schmuckem offenen Torbau. Sehenswert ist der *Josephshof* (früher als *Martinshof* im Besitz der Trierer *Abtei St. Martin*). Seit 1858 gehört er als eines der ertragreichsten zu den Weingütern der *Reichsgrafen von Kesselstatt*. – Der Ort besitzt eine gepflegte Grünanlagen-Uferpromenade.

Über den Weinbergen liegt unterhalb der *Graacher Schanzen* die junge Siedlung *Graacher Schäferei*. Der französische Revolutionsgeneral *Jourdan* ließ die Schanzen 1795/96 als Vorwerk zur Bewachung der *Trarbacher Höhen* aufführen. Hier bietet sich bei klarem Wetter ein zauberhafter Einblick nicht nur in das talauf wie talab wieder besonders reizvolle Moseltal, sondern sogar bis zu den markanten Berghöhen der *Osteifel*.

🚌 Bullay–Bernkastel–Trier.

🏨 „Weinhaus Pfeiffer", „Antoniushof".

⌂ „Zur Traube", „Zum Josefshof", „Panorama-Hotel".

Nur wenige Fahrminuten sind es bis

****Bernkastel - Kues** (7500 Einw.; als Verbandsgemeinde seit 1969 24 700 Einw.), 56 km. Moselfreunde sehen in dem entzückenden altertümlichen Städtchen das „Herz der Mittelmosel". Der Bergkegel mit der *Burgruine Landshut* ist in Urkunden aus dem 7. Jahrhundert genannt. Sehr wahrscheinlich ist jedoch eine Besiedlung schon lange vor dieser Zeit. Zu Beginn der schriftlich überlieferten Geschichte waren die *Merowinger* Herren von Burg und Ort. Danach wurden sie königliches Lehen der *Grafen von Luxemburg*, woran im Stadtwappen der *Bär* erinnert. Erzbischof *Poppo von Trier* zerstörte 1017 während der „Großen Moselfehde" gegen *Adalbero von Luxemburg* die Burg der Luxemburger. Erzbischof *Heinrich von Vinstingen* ließ hoch über dem Ort eine neue Feste errichten. Sie erscheint aber erst im 16. Jahrhundert unter dem Namen *Landshut*. 1291 verlieh Kaiser *Rudolf von Habsburg* dem Ort die Stadtrechte. Gern verlegten die Trierer Kurfürsten — wegen des milden Klimas und der wundervollen Weine dieses Moselstriches — ihre Sommerresidenz auf die Landshut. Einer von ihnen, Erzbischof *Boemund II.* (1354–1362), trank sich, so heißt es, daran wieder gesund, als er auf der Burg sterbenskrank darniederlag. Seitdem heißt die berühmteste Kreszenz „Bernkasteler Doktor".

Die wohlbewehrte Burg überstand Belagerungen durch *Franz von Sickingen*, *Bernhard von Weimar* und die *Franzosen*. Erst die Feuersbrunst vom 8. Januar 1692 machte aus ihr die Ruine, die heute noch das Bild der Stadt beherrscht. Von der Landshut steht noch: *Hauptportal* mit doppeltem Rundbogen, *Pfortenhaus*, *Treppenhaus*, ein *Eckturm* und der mächtige *Bergfried*. 1689 rissen die *Franzosen* die Stadtbefestigung aus dem 13. Jahrhundert ein. Als einziges Stück blieb das im 18. Jahrhundert umgebaute *Graacher Tor* erhalten.

Bernkastel erlebte seine Blütezeit durch ergiebigen Weinhandel im 15. und 16. Jahrhundert, was sich im aus dieser Zeit fast unverändert überkommenen Stadtbild deutlich abzeichnet. Der Ort besitzt viele prächtige *Fachwerkhäuser* aus dem 17. Jahrhundert, darunter das „Spitzhäuschen", ein wahres Kleinod.

Ein unvergleichliches Bild bietet der von einem ganzen Kranz farbenfroher Giebelfachwerkbauten umgebene **Marktplatz*. In der Mitte der mit schmiedeeisernen Gittern gezierte *Michaelsbrunnen* von 1606. Ihn überragt das *Spätrenaissance-Rathaus*, das zwei Jahre später seiner Bestimmung übergeben wurde. Sein stattlicher Erker ist verziert mit bunten Wappen, die vordem offene *Laube* wurde zum gemütlichen, zu kühlem Trunk einladenden *Ratskeller* umgestaltet. An der Nordwestecke steht der *Pranger* mit der Inschrift

Bernkastel-Kues: Marktplatz

„Hochgerichtliche Straff, bürgerliche Züchtigung".

Etliche alte *Weinhöfe*, u. a. die 1656 bis 1661 erbaute *kurfürstliche Kellnerei*, sind die sichtbaren Zeugen für das große Interesse hochmögender geistlicher wie weltlicher Würdenträger und kirchlicher Institutionen an Weinernten aus diesem gottbegnadeten Rebenanbaugebiet. Die reichen Kunstschätze in der aus dem 14. Jahrhundert stammenden *Pfarrkirche St. Michael* am Moselufer sind sehenswert. Neben ihr ragt der aus gemauertem Bruchstein gefügte *romanische Kirchturm* (13. Jh.) auf, einstmals ein wehrhaftes Stück der starken Stadtbefestigung.

Durch eine 219 m lange *Brücke* seit 1905 mit dem rechtsufrigen *Bernkastel* verbunden ist der Stadtteil *Kues*, 1037 als *Covese* in Urkunden erwähnt. Der Platz muß bereits lange vor der Zeitwende besiedelt gewesen sein. Das weiß man jedoch erst seit 1962, als hier das *erste moselländische Dorf* aus dem *Neolithikum* (Jungsteinzeit) ausgegraben wurde. Es läßt auf den Zeitraum 4000—3000 v. Chr. schließen. Weltruf erlangte Kues durch *Nicolaus Cusanus*, den berühmtesten Moselaner, der als Theologe und Gelehrter seiner Zeit weit voraus war. Cusanus lehrte bereits die Kugelgestalt der Erde und — zu seiner Zeit als ketzerischer Gedanke von der Kirche gebrandmarkt — daß sie sich um ihre Achse dreht. Er schuf die erste Karte Mitteleuropas und gilt als Begründer der modernen Philosophie. (Seine Erkenntnis: „Gott ist der Unendliche, in dem alle Gegensätze zusammenfallen".) Sein *Geburtshaus* (umgebaut im 16. Jh.), in dem er 1401 als Sohn des Moselschiffers *Crypffs* (Krebs) zur Welt kam, wird wohlbehütet von den auf ihren größten Mitbürger stolzen Bernkastel-Kuesern. *Nicolaus Cusanus*, der es bis zum Kardinal brachte, fühlte sich seiner moselländischen Heimat stets verbunden.

Der Kardinal bestimmte, daß sein Herz nach seinem Tod (1464) in dem von ihm begründeten *St.- Nikolaus-Hospital* seine Ruhestätte finden sollte. Es liegt unter der 1488 gelegten *Grabplatte* mit dem lebensgroßen Bildnis des Kardinals. Sein Leib ruht in *St. Pietro in Vincoli* (Rom). Der große Moselaner ließ das wohlerhaltene *St.-Nikolaus-Hospital* als Altersheim für 33 mindestens fünfzig Jahre alte bedürftige Männer auf seine Kosten bauen (1447–1465). Das sehenswerte Hospital besteht dank der reichen Weingüter in bevorzugten nahen Lagen, mit denen der Kardinal es ausstattete, seit nun schon einem halben Jahrtausend. Angeschlossen ist das *Moselweinmuseum.* Zu dem stattlichen Komplex gehört eine *Kapelle* in *spätgotischem* Stil, ferner ein reichgeschmückter *Kreuzgang*, das *Refektorium*, die *Kardinalsstube* und eine **Bibliothek* mit kostbaren Schätzen, u. a. dem größten Teil der Bücherei des Kardinals: viele eigene Werke, mehr als 400 unersetzliche Handschriften, Frühdrucke und eine Reihe mittelalterlicher astronomischer und anderer Instrumente. Kardinal *Cusanus* vermachte dem Hospital alles, was er an irdischen Gütern besaß. Die *Cusanus-Forschung* wird von der im Stift ansässigen *Cusanus-Gesellschaft* betrieben.

Cusanus-Stift

i Tourist-Information, Gestade 5.

D-Zug-Station Wittlich Hbf. der Strecke Koblenz-Trier (15 Min. Busfahrt).

Bullay–Trier, Morbach–Idar-Oberstein. Haltestelle der Touring-Strecke Luxemburg–Frankfurt.

Motorbootlinie Bernkastel–Traben-Trarbach.

auf dem „Kueser Werth", im Ortsteil Kues.

neben der Burg.

„Mosel-Hotel-Park".

„Drei Könige", „Römischer Kaiser". „Burg Landshut", „Zur Post", „Doctor-Weinstuben", „Älteste Weinstube".

„Moselblümchen".

4

Route 4: **Bernkastel-Kues – Neumagen – Schweich – **Trier (102 km)

In *Bernkastel-Kues* wechselt die *B 53* zunächst auf das rechte Ufer über und führt durch den kleinen Ort *Andel* (3 km) nach

Mülheim (900 Einw.), 5 km. Der bedeutende Weinort liegt anmutig an der Mündung des *Veldenzer Baches* und des *Fronbaches.* Sein ursprünglicher Name war *Molinum*, was auf Mühlen schließen läßt: sie gibt es auch heute noch. In Mülheim wird ebenfalls Wein angebaut, aber auch im *Weinhandel* hat es noch einen Namen; hierfür sind die würdigen alten *Patrizierhäuser* und große *Kellereien* eindrucksvolle Zeugen. Die evangelische *Pfarrkirche* (1668) hat einen *romanischen Westturm* (13. Jh.) und gute Gemälde. Die katholische *Kapelle* (1772) besitzt einen schönen *Altar.*

Bullay–Trier.

am rechten Moselufer, unterhalb der Moselbrücke Mülheim-Lieser.

„Moselhaus Selzer", „Landhaus Gessinger". – „Gasthaus Benzmüller", „Garni Pick", „Hotel zur Post".

In der 5 km talauf gelegenen Siedlung **Veldenz-Burgen** (1100 Einw.) betrieb man schon früh Weinbau. Als *Valdenta* wird der eine Ortsteil 1085, als *Borga* 1143 der andere erwähnt. Vom waldbedeckten Bergkegel über dem freundlich in eine schöne Aue gebetteten Zwillingsdorf lockt *Burg Veldenz* zum Besuch der Gaststätte, von der aus man einen zauberhaften Blick ins Tal und zu fernen Eifelhöhen hat.

Veldenz war eine der größten Burganlagen an der *Mittelmosel.* Von 1088 bis 1259 waren die *Grafen von Veldenz* Herren dieser Landschaft. Nach den Veldenzer Grafen wurde das gräfliche

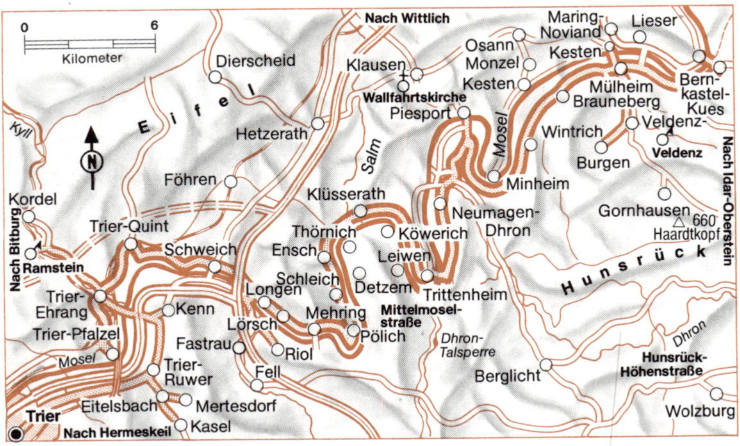

Haus *Pfalz-Zweibrücken* Erbe. 1680 lösten die *Franzosen* die Grafschaft auf. Bei ihrem Abzug 1701 war die Burg nur noch eine Ruine. Sie gehört heute dem angesehenen, 1680 entstandenen *Weingut Richtershof* in *Mülheim*.

nach Mülheim (hier Anschlüsse nach Bernkastel-Kues und Trier).

„Zur Mühle". – „Löhnerz", „Felten", „Berres", „Weirich", „Faust".

Mülheim gegenüber mündet das *Lieser*-Flüßchen, das in der rauhen *Hohen Eifel* bei *Neroth* entspringt, bei

Lieser (1300 Einw.), zu dem eine Brücke führt. Der Ort erscheint schon 817 in Urkunden als *Lisura*. Lange vorher preist es jedoch bereits *Ausonius* als *Lesura*. Mitten im Ort steht verträumt der „Posthof", in dem von 1516 bis 1648 die Augsburger *Fürsten Thurn und Taxis* eine Zwischenstation für ihre hier die *Mosel* kreuzende Postlinie *Brüssel–Wien* unterhielten. Die markante *Pfarrkirche*, 1782 erbaut, *St. Peter* geweiht (Turm 1861 nach Brand erneuert), überragt von ihrem Felsvorsprung aus das hübsche Dorf. Die altberühmte *Paulskapelle* auf dem *Paulsberg* (268 m) war etliche Jahrhunderte hindurch religiöser und volkstümlicher Mittelpunkt für vierzehn Dörfer, Ziel von Wallfahrten aus der näheren und weiteren Umgebung. Vom Aussichtsturm des *Greinkopfes* (329 m) genießt man einen herrlichen Blick auf das Moseltal und fernhin in die *Eifel* sowie nach Süden zum *Hochwald*, dem höchsten Gebirgszug des *Hunsrücks*.

Das prunkvolle *Schloß* der *Freiherrn von Schorlemer-Lieser* aus der Gründerzeit ist jetzt Eigentum der Gemeinde Lieser.

Lieser, einst Amtssitz für einen Bezirk, zu dem nicht nur die etwas landeinwärts gelegenen, ebenfalls Weinbau treibenden Nachbargemeinden *Maring-Noviand* (1700 Einw.), sondern auch noch das unterhalb *Kues* gelegene *Wehlen* und das oberhalb Lieser liegende *Kesten* an der Mosel zählten, wurde 1969 in die Verbandsgemeindeverwaltung Bernkastel-Kues eingegliedert. Beiderseits der unteren *Lieser* liegt eines der idyllischen Seitentäler der *Mosel*, wo sich südwärtige Hänge der *Eifelausläufer* gut für Weinanbau eignen.

Busstrecke Bernkastel–Kues–Wittlich und Bernkastel–Kues-Trier. Über Brücke Verbindungen zur *B 53* Koblenz–Trier.

„Mehn/Zum Niederberg", „Schloßhotel". „Weinhaus Stettler".

Maring-Noviand:

Gleiche Busstrecken wie Lieser.

„Zur alten Eiche", „Metzdorf".

Die *B 53* folgt hinter *Mülheim* dem hier flachen, fruchtbaren Schwemmlandbogen der *Mosel:* in diesem liegt der vielgerühmte Weinort

Brauneberg (1200 Einw.), 7 km, mit der bekannten Weinlage „Brauneberger Juffer", deren Rebenhänge sich in bevorzugter Südlage der Sonne zuwenden. Das schenkt dem Wein die an ihm so hoch geschätzte „Blume".

1333 heißt der Platz bei den Vögten des *Hochstiftes Verdun*, die hier Weine ernten, „Burunnemberg ex oppido ville Dusemont". Diese Lage galt als eine der besten, die dem Mosel-Bischofssitz Trier gehörten. Erst ab 1925 heißt der früher treffend als *Dusemond* (= süßer Berg) bezeichnete Ort *Brauneberg*. Die ansehnlichsten unter seinen alten grundherrlichen *Weinhöfen* sind das *Haus* von 1719 der *Abtei Tholey* (am Südsaum des *Hunsrücker Hochwaldes*), das gräflich *Manderscheid-Blankenheimsche Hofhaus* und der *Sternenburg-Hof*. Alljährlich im Juli großes Wein- und Heimatfest.
Im Ortsteil *Filzen* erinnert der ansehnliche Gebäudekomplex des ehemaligen *Franziskanerinnenklosters* an frühere glanzvolle Zeiten.
🚌 Bullay–Trier. – 🏨 „Lindenhof". – 🏠 „Grafschaft", „Schneider", „Wolff".

Gegenüber liegt

Kesten (500 Einw.) inmitten seiner Rebenhänge. 935 bestand hier der Weiler ***Castanidum*** **(= Kastanienhain). Sein schlanker *Kirchturm* mit dem an der *Mosel* häufigen spitzen, hohen Schieferhelm prägt das Ortsbild. Erkerverzierte, guterhaltene *Fachwerkhäuser*, die massiven *Weinhöfe* (1152) der *Abtei Himmerod* und des *Stiftes St. Paulin* in *Trier* sind sprechende Beweise für edle Kreszenzen. Schon Roms Legionäre schöpften Trinkwasser im nahen *Sauerbrunnen*. Die Brunnenfassung römi**schen Ursprungs beweist es. – Freizeitanlagen.

🚌 **Bernkastel, Minheim–Wittlich.**

🏠 **„Herrenberg", „Himmeroder Hof", „Schwalbenhaus".**

Der nächste größere Ort ist

Wintrich (1100 Einw.) 11 km. Der Ort leitet seinen Namen vom *keltischrömischen Vindriacum* (= Winzerdorf) her. Seine *Kirche* stammt aus dem 13. Jahrhundert. Wintrich bietet schöne Fachwerkhäuser. Ein Weinlehrpfad führt zum alten Steinkreuz, Wahrzeichen der Weinlage „Großer Herrgott"; abends wird es angestrahlt.

Bei Wintrich wurde in der nunmehr 8. Staustufe die Mosel um 7,2 m angehoben.

🚌 Bullay–Trier.

🏠 „Weinstube St. Michael" „Großer Herrgott", „Gaststätte Moselblick".

In der bei Wintrich beginnenden Moselschleife reicht die *Eifel* mit einem schmalen, hohen Bergrücken weit nach

Blick auf Kesten

Südwesten. An seinem Fuß liegt auf fruchtbarem Schwemmland der kleine idyllische Moselweinort

Minheim (540 Einw.), von Norden her auf einer Straße erreichbar (Brücke nach Piesport-Niederemmel). Man sieht ihn kaum in seinem Versteck aus herrlichen Walnußbäumen. Geplagte Großstädter finden hier idyllische Ruhe.

Am oberen Tor, am Scheitel der hier wieder nach Norden verlaufenden Schleife, liegt

Piesport (2300 Einw.), 18 km. Gegenüber *Niederemmel*, das 1969 nach Piesport eingemeindet wurde, hat der Fluß im Verlauf seiner vieltausendjährigen Fräsarbeit die *Moselloreley* aus dem Fels modelliert. Diese Halbinsel gilt als eine der lieblichsten Landschaften des Moseltals. Ihre Hänge sind trotz ihrer Schroffheit von fleißigen Winzern terrassenförmig bebaut worden. Drei Orte – *Emmel*, *Reinsport* und *Müstert* – wuchsen unter dem Namen *Niederemmel* zusammen. Hier gedeihen so weltbekannte Weine wie „Piesporter Goldtröpfchen", „Domherr", „Falkenberg", „Grafenberg", „Günterslay" und „Piesporter Treppchen".

Emmel **leitet sich von *Vicus Aemilii* (= Hof des Ämilius), *Reinsport* von *Regionis portus* (= Furt der Gegend), *Müstert* von *Monasterium* (= Kloster) her. Außer den überlieferten Namen erbrachten Zufall oder archäologische Facharbeit mancherlei Beweise für die frühe Bedeutung des Platzes: zahlreiche *Funde* aus der *Römerzeit* an Stellen einstiger Kultstätten, Tempel und Villen, ein *Feldherrngrab*, *Sarkophage* mit reichen Grabbeigaben, *römische Fundamente*, auf denen die *Pfarrkirche St. Martin* steht. Prachtstück der hier gefundenen Beweise früher**

4

Besiedlung ist ein 1950 ausgegrabenes *Diatret-* (= Netz) *Glas*, ein Meisterstück römisch-keltischer Glasbläser- und Glasschleiferkunst. Es befindet sich wie viele andere kostbare Funde, im *Landesmuseum Trier*.

Eine elegante Betonbrücke verbindet den Ortsteil *Niederemmel* mit *Piesport*. Schon in *keltischer Zeit* war der hier recht schmale Ufersaum bewohnt. Der reizende Flecken mit seinen nach Süden hin ansteigenden Weinbergen hat nicht erst heute durch die gefeierte Lage „Piesporter Goldtröpfchen" seinen Ruf erlangt. Klöster und Adelshäuser bemühten sich um Wein aus Lagen an der uralten *Pigontii* (oder *Pisonis*) *porta* (= Furt des Pigontius). Vielleicht geht der Name auf *Bigentius*, den *keltischen Handels- und Gewerbegott*, zurück. Eine spätrömische *Kelteranlage*, ansehnliche *Weinhöfe* wie „Domhofs Gehäus", „Clausener Gehäus" zeugen von einer großen Vergangenheit. Die barocke *Pfarrkirche St. Michael* (1776) mit schöner Deckenbemalung (1778) von *J. P. Weber* aus *Trier* dokumentiert den Wohlstand der Piesporter aus ihrem Weinbau.

🚌 Trier, Bullay, Neumagen–Klausen–Wittlich.
⌂ „Piesporter Goldtröpfchen", „Moselblick", „Goldtröpfchen", „Weingarten", „Römerbrunnen", „Moselstube", „Moselloreley". „Piesporter Moselblick".

Auf der *B 53* gelangen wir nach

Neumagen-Drohn (2700 Einw.), 21 km. Auf dem entlang der Mosel gelegenen Gelände befand sich schon im 1. Jahrhundert eine Siedlung der *Treverer* (Kelten). Beigaben aus Brandgräbern weisen auf Kaufleute hin. Sie nutzten die weit in den Hunsrück hineinreichenden Täler der *Kleinen* und *Großen Drohn* (Zusammenfluß in Papiermühle) sowie die schiffbare Mosel für ihren Handel.

Seine erste Erwähnung findet Neumagen in einem römischen Reisebericht aus der ersten Hälfte des 2. Jahrhunderts. 369 n. Chr. entdeckte *Ausonius*, Dichter und Sänger der Mosel, den Ort. Das Lagerkastell des „göttlichen" Konstantin, inmitten der silbernen Moselschleife und grüner Rebhänge, die schroffen Hänge der Drohn begeisterten ihn. In seiner „Mosella" vergleicht er die Schönheiten dieses Panoramas mit seiner Heimat Bordeaux. Die Neumagener haben Ausonius 1929 ein *Denkmal* errichtet, das sich heute unterhalb der Peterskapelle befindet.

Der frühere Standort des Kastells im Ortsteil *Neumagen* wurde zur ergiebigen Fundgrube der Archäologen. Hier hatten die Römer unter Kaiser Konstantin im Jahre 310 n. Chr. eine stark bewehrte Festung gegen die Germanen errichtet. Als Fundamente dienten u.a. Grabsteine, Sarkophage und Denkmäler. Auf ihnen stand eine gewaltige Ringmauer mit 13 Türmen. 882 wurde das Kastell durch die Normannen zerstört. Erst in den Jahren 1877–1888 erfolgte eine Freilegung eines großen Teils der Fundamente. Mehr als 1000 Fundstücke davon konnte das *Landesmuseum Trier* gewinnen. Die restaurierten Fundstücke, darunter das berühmte *Neumagener Weinschiff* (ein reicher römischer Winzer hatte es sich als Grabdenkmal anfertigen lassen) sind in einem eigenen „Neumagener Steinsaal" zu besichtigen.

Als Lehnsherren regierten bis zur Mitte des 14. Jahrhunderts die *Ritter von Neumagen*. Ihnen folgten die *Vögte von Hunolstein*, die *Grafen von Isenburg* und als letztes Geschlecht die *Grafen von Sayn–Wittgenstein*. Ende des 18. Jahrhunderts ging die Herrschaft mit dem Einmarsch der französischen Revolutionsarmee verloren.

In *Drohn* soll auf dem Polzerberg die um 560 n. Chr. von 30 Türmen bewehrte Burg des Bischofs Nicetius gestanden haben, deren Größe von dem Dichter Venatius Fortunatus (535–600 n. Chr.) gepriesen wurde. Ein in Richtung des Standortes verlaufender Wehrgang wurde 1939 entdeckt. 1792 wurde Drohn selbständige Zivilgemeinde, später auch Pfarrgemeinde. Im Zuge der Verwaltungsreform von 1969 wurden Neumagen und Drohn wieder vereinigt.

An die Römerzeit erinnern Abgüsse der Reliefs *Römische Schule* (Römerstraße 91), *Pachtzahlung* (Römerstraße 137) und *Morgentoilette* (Ausoniuspark unterhalb der Peterskapelle). Eine gute Kopie des *Neumagener Weinschiffs* befindet sich auf einem Sockel vor der Peterskapelle.

In der gotischen *Peterskapelle* (1314; 1710 renoviert und erweitert) befinden sich noch die mächtigen Grabplatten Heinrichs von Hunolstein (1485) und Heinrichs von Isenburg (1551).

Neumagener Weinschiff

Die alte Apotheke steht auf den Fundamenten der einstigen kurtrierischen *Petersburg* (1298); deren südöstlicher Turm ist noch in der Römerstraße 78 erhalten. Die *Märtyrerkapelle*, etwas moselaufwärts, erinnert – wie die Legende es will – daran, daß das Blut der von Ricius Varus auf Befehl von Kaiser Maximianus (Gegenkaiser von Kaiser Konstantin) wegen ihres Bekenntnisses zum Christentum hingerichteten Thebäischen Legion die Mosel bis hierhin rot gefärbt haben soll. Auch der 1790 erbaute *Sayn-Wittgensteiner Hof* ruft Geschichtserinnerungen wach. Einen guten Überblick über die bewegte Geschichte des „ältesten Weinortes Deutschlands" gibt das *Heimatmuseum*, Römerstraße 137 a.

Weinbau und Weinhandel waren stets die bedeutendste Erwerbsquelle. Der „Dhronhofberger" ist ein Juwel der Mittelmosel. Aber auch „Rosengärtchen", „Laudamusberg" und die älteste Weinlage „Engelgrube" begeistern den Weinliebhaber.

🚌 Trier – Bullay – Bernkastel-Kues, Morbach–Thalfang.

⛴ Bernkastel–Trier.

🏨 „Gutshotel Reichsgraf von Kesselstatt".

⌂ „Zum Anker", „Zur Post", „Zum Drohntal", „Zum Hofberg", „Berghof", „Weingut Konstantinhöhe".

⛺ Moselufer. – Reiten, Segel- und Drachenfliegen (Neumagener Plateau).

Die *B 53* überquert auf einer neuen Brücke bereits kurz vor Neumagen die Mosel. Aber auch die rechtsuferige Fahrstraße bringt einen nach wenigen Minuten Fahrt über eine schön geschwungene Moselbrücke hinüber zum linken Ufer, nach

Trittenheim (1300 Einw.), 28 km. Der bekannte Weinort bestand schon in *römischer* Zeit. Über ihm ziehen sich weite Rebenhänge sanft ansteigend hin. Gegenüber hat die *Mosel* sich in die Schieferlager so tief eingeschliffen, daß ziemlich steile Wände entstanden, die sich, wenngleich mit viel Mühe, noch so eben nutzen ließen. 1920 fanden sich auf dieser rechten Flußseite im „Römerwingert" zwei *spätrömische Steinsarkophage*. Hoch auf dem Kamm des Südwesthanges der Moselschleife steht die *Laurentiuskapelle*. Papst *Eugen II.* gab 1147 die Kirche mit Zehnten und Zubehör an die *Abtei St. Matthias* in *Trier*.

Das *Prümer Urbar* (Grundbuch) erwähnt Trittenheim im Jahre 893. *Prüm* gab den Ort 1222 den *Grafen von Vianden* zu Lehen. Im Mittelalter hatten die Trierer Stifte *St. Maximin* und *St. Matthias* hier ihre zum Teil erhaltenen Höfe. Auch der Erzbischof und die einflußreichen *Manderscheider Grafen* unterhielten hier Weingüter. Besonders „Trittenheimer Apotheke" und „Trittenheimer Altärchen" erfreuten sich eines vorzüglichen Rufes.

Zu weit über seine moselländische Heimat hinausreichender Berühmtheit — ähnlich wie sein noch größerer Landsmann *Nikolaus Cusanus* — brachte es ein 1462 in Trittenheim geborener Moselaner: Nach damaliger Gepflogenheit nannte er sich nach dem latinisierten Namen seines Heimatortes *Johannes Trithemius*. Er besaß ein für die damalige Zeit ungewöhnliches Wissen auf zahlreichen Gebieten. Durch seine umfangreichen Sammlungen wurde er ebenso bekannt wie durch seinen Reformeifer. *Johann aus Trittenheim* wurde — mit 21 Jahren — Abt in *Sponheim*. Kurfürst *Joachim I. von Brandenburg* berief ihn nach *Berlin*, um sich von dem sprachbegabten Moselaner in Fremdsprachen und Naturwissenschaften unterrichten zu lassen. Danach wählte das angesehene *Schottenkloster* zu *Würzburg* Johannes zum Abt. Als „tönenden Abschluß des Mittelalters" hat ihn einmal einer seiner Biographen charakterisiert.

Der Turm der großen Trittenheimer *Pfarrkirche* von 1790 ruht auf viel älteren Fundamenten. 1654 starben sämtliche Einwohner des Dorfes bis auf sieben Ehepaare an der Pest, woran sieben *Pestkreuze* mit ihren Namen noch heute erinnern.

i Verkehrsamt, Moselweinstraße 55.

🚌 Trier und Bullay.

⛴ Bernkastel–Trier. Motorbootsanlegestelle.

🏨 „Zur Krone", „Moselperle".

Auf der Weiterfahrt unter den hochstrebenden Rebenhängen des *Trittenheimer Laurentiusberges* grüßt vom anderen Ufer *Leiwen* (1300 Einw.), das man auf der rechtsseitigen Straße erreicht. Als *Lyve* wird der rührige Weinort 802 in einer Urkunde Kaiser *Karls des Großen* erwähnt. Schmucke Fachwerkhäuser aus dem 16. Jahrhundert in winkligen Gäßchen und der *kurtrierische Hof* (früher auch Gerichtshaus) mit seiner *Zehntscheune* erinnern an glanzvolle Zeiten. Leiwens Wohlhabenheit beruht weniger auf dem Anbau guter Weine als auf Handel mit Wein, der hier in weiträumigen Kellern reift. 2 km flußaufwärts liegt das Nachbardorf *Köwerich* (400 Einw.), durch eine Fähre mit dem anderen Ufer verbunden, wo seine besten Rebenhänge liegen. In der *Gemarkung Köwerich* hatten schon die *Kelten* eine Siedlung. Es ist der fruchtbare, leicht wellige *Moselhag* zwischen *Leiwen* und *Detzem*. Weinbau betreibt man auch hier schon seit 1000 Jahren. Im *Haus Nr. 25* lebten Vorfahren von *Beethovens* Mutter, einer geborenen *Kewerich*.

Im nach Norden ausholenden großen Moselbogen erstreckt sich an der Mündung des in der *Hohen Eifel* entspringenden Flüßchens *Salm* der sich lang hinziehende bekannte Weinort

Klüsserath (1150 Einw.), 34 km. An den weiten Weinbergen über dem Ort reift und „kocht" die „Klüsserather Bruderschaft", ein Wein, begehrenswert genug, um schon im frühen Mittelalter große Herren zur Sicherung guter Anteile zu reizen. *Ausonius* erwähnt die „*Kleine Salmona*": Ein Reliefbild aus römisch-heidnischer Zeit, das *Diana*, die Göttin der Jagd, zeigt, hatte man in christlicher Zeit durch Übermalung in den heiligen *Hubertus* verwandelt und in eine Mauer der *Michaelskapelle* eingefügt. Nun steht das Relief im *Trierer Landesmuseum*. 698 übereigneten die *Merowinger* einen Weinberg in *Cluserado* (vermutlich aus clusae scartum = Rodesiedlung in der Bergschlucht) dem heiligen *Willibrord*. 745 schenkte der Metzer Bischof Weinbesitz der *Abtei Gorze* (in Lothringen bei Metz). 1522 war Kaiser *Maximilian* auf seiner Reise zum Reichstag nach Trier Gast in der „*Burg*" zu *Klüsserath*. Dieses feste Haus wird 1270 erwähnt, als *Hermann von Veldenz* sie mitsamt seinen Gütern an *Dietrich, Herrn zu Bruch*, verkaufte. „Turm und Hof zu Clüssert" gingen als Lehen 1545 an den Ritter *Richard von Hagen*.

Der noch heute bestehende Bau war das *kurfürstliche Schloß*. Es wurde im Zuge der Säkularisation 1803/4 von den Franzosen verkauft (heute Wohnhaus).

Neben dem alten *Dorfbrunnen* auf der Langgasse steht die *Gerichtslinde*. Zwei tief im Stamm verwachsene eiserne Ringe dienten dazu, abzuurteilende Übeltäter während der Gerichtsverhandlung anzuketten.

Hoch über dem Dorf steht am *Rudemsberg* die *Rudemskapelle*, eine Gedächtnisstätte für die Gefallenen beider Kriege. Von hier aus hat man einen wunderbaren Blick über das Moseltal.

Die 1783 errichtete *Pfarrkirche* besitzt einen spätgotischen Chor, einen Barockaltar aus der Trierer Werkstatt der *Hoffmanns* und eine gute Figurengruppe (15. und 18. Jh.). An den klerikalen Besitz in der Feudalzeit erinnern die *Höfe* der *Abtei Echternach* (18. Jh.) und des *Trierer Domkapitels* (1661).

nach Trier und Bullay.

zwischen der *B 53* und der Mosel.

„Zur Bruderschaft", „Zur Krone", „Zum Anker", „Zum Rebstock".

Auch oberhalb Klüsseraths wird die Mosel von idyllischen Weindörfchen flankiert. Am rechten Ufer ist es *Thörnich* (200 Einw.). Einst hieß der Ort *Turinga*, 893 *Turninge*. Die schiefergedeckten Höfe kuscheln sich behaglich um die kleine *St.-Martin-Kirche*, die Graf von Kesselstatt 1789 stiftete. Ihren Wein ziehen die Törnicher am gegenüberliegenden steilen Hang, zu dem neuerdings eine Brücke führt.

Detzem (550 Einw.) schließt sich an. In römischer Zeit stand hier an der Straße Trier–Mainz der X. Meilenstein. Die Bezeichnung *ad decimum lapidum* führte im Laufe der Jahrhunderte über verschiedene Veränderungen zum heutigen Ortsnamen Detzem.

In fränkischer Zeit war Detzem der Mittelpunkt eines *Königshofes*, zu dem eine Reihe umliegender Orte gehörte. Dieser ging im 7. Jahrhundert in den Besitz des Trierer Klosters *St. Maximin* über. Südlich der schmalschiffigen romanischen *Kirche*, die mit ihrem spitzen Schieferturm das Ortsbild beherrscht, erinnert ein aus der Barockzeit stammender Bau samt einer alten Brunnenanlage an die Maximiner Grundherren. In einer nicht mehr erhaltenen Burg residierte das Grafengeschlecht von Nassau.

Detzem

⌂ „Zum Anker", „Weinperle", „Zur Traube".

Hart oberhalb *Detzems* staut die *Anlage Detzem* (mit ihren Schleusen und dem größten der vierzehn Kraftwerke) die Mosel als 9. Stufe ihrer Kanalisierung um 7,5 m auf 114 m ü. d. M. auf.

Auf dem linken Ufer folgt auf *Klüsserath* an der hier verlaufenden *B 53* zunächst der Weinort

Ensch (600 Einw.), 37 km. Er hieß 893 *Ancun* (aus keltisch-römisch *Anciacum* = Hof des Ancius). Hier mündet ein von der *Bekonder Höhe* der Mosel zueilender Bach. Die Herren des *Simeonstifts* zu *Trier* sicherten sich frühzeitig den guten Wein aus der linksseitigen Rebenwand.

Weiter flußaufwärts folgt das Dörfchen

Schleich (250 Einw.), 39 km (Kapelle aus dem Jahre 1788; Weinlehrpfad). Von hier erreicht man auf stark ansteigender Straße nach 4 km *Bekond.* Es liegt zwar etwas abseits auf einem Plateau über der Mosel, dennoch reift hier köstlicher Wein. Sehenswert ist das hübsche, vom *Reichsgrafen von Kesselstatt* erbaute Landschlößchen (1700).

Am Scheitel der Klüsserather Schleife stand an einem kleinen Extraknick der Mosel, wo das Weindörfchen

Pölich (300 Einw.), 41 km, liegt, eine *römische Villa.* Zu ihr gehörte eine reich mit Marmor und Wandmalereien verzierte *Badeanlage*; Reste der Wasserzuleitung wurden ebenfalls gefunden. Möglicherweise leitet sich von diesem Bau (lat. *pulchra villa* = schöner Landsitz) der heutige Ortsname her. Schon die an der alten *Römerstraße Trier—Detzem—Neumagen* gefundenen römischen Meilensteine lassen ersehen, daß zwischen Trier und Pölich etwa 20 km liegen.

Als *pulchra villa* kam *Pölich* 634 zum *Königshof Detzem,* wodurch die *Abtei St. Maximin* auch hier Grundherrin wurde.

Der scharfe *Pölicher Moselknick* leitet den windungsreichsten Abschnitt des Flusses von *Schweich* bis *Cochem* ein.

🚌 Trier und Bullay.

⛺ auf ebener Wiese zwischen Weinbergen und der Mosel.

⌂ „Pölicher Held", „Henn".

Nach wenigen Fahrminuten erreicht man auf der am Ufer der durch die *Detzemer Staustufe* stark verbreiterten Mosel entlangführenden *B 53*

Mehring (2000 Einw.), 43 km. Der ziemlich große, seit je vom Weinbau lebende Ort liegt anmutig im Moselbogen. Im Zusammenhang mit dem Moselausbau erhielt der Ort eine völlig neue, höher gelegene Flußfront. In keltischer Zeit hieß er *Mariniacum* (= Ort des Marinus). Die *römische Zeit* hinterließ eine Reihe aufschlußreicher Funde, darunter Reste eines größeren *Gutshofes* mit *Badeanlage*, ein *Brandgräberfeld* aus dem 1. Jahrhundert und einen *Meilenstein* (aus der Regierungszeit des Kaisers *Trajan* um 100). König *Pippin* übereignete den Ort *Marningum* (aus Mariniacum) 752 der Abtei *Prüm.* 1381 erwarb *Kurtrier* diese Herrschaft. Die unteren Turmgeschosse der heutigen 1834 erbauten Kirche stammen aus der Barockzeit. Der „Zellerhof", einstmals über den Grundmauern eines verschollenen Dorfes Zell entstanden, ist heute Kellereibetrieb des angesehenen Trierer *Friedrich-Wilhelm-Gymnasiums.*

🚌 Trier-Bullay.

⛴ Bernkastel–Trier.

⌂⌂ „Molitor", „Weiler", „Müller".

⌂ „Moseltal", „Zum Fährturm". – ⛺.

Das Prümer Grundbuch verzeichnet (893) Weinlagen in der Gemarkung Mehring, deren Namen heute noch einen delikaten Tropfen garantieren, z. B. „Blattenberg", „Zellerberg", „Goldkupp". Am ersten Wochenende im September feiert Mehring ein großes Weinfest.

Moselaufwärts folgt der freundliche Rebenweiler Lörsch, 45 km. Eine Brücke vermittelt den Verkehr mit dem rechten Moselufer. *Lörsch* gegenüber liegt, etwas landeinwärts, der in der moselländischen Geschichte bedeutende Weinort

Riol (960 Einw.). Er schart sich um die auf einem Hügel liegende kleine Kirche mit romanischem Turm, in dem römische Ziegel mit vermauert sind, und spätgotischem Chor. Der römische Geschichtsschreiber *Tacitus*, dem wir die ersten verbürgten Daten über das Moselland verdanken, berichtet von der Schlacht bei *Rigodulum* (daraus *Riol*). Während des *Bataveraufstandes* im Jahre 70 hatten sich hier die aufständischen *Treverer* unter ihrem Führer *Valentinus* verschanzt. Erst dem Feldherrn *Cerealis*, der in Eilmärschen Truppen von *Moguntiacum* (heute Mainz) heranführte, gelang es, den Aufstand niederzuschlagen. 643 erwähnt eine Urkunde den Ort *Riola* als zum *Königshof Detzem* gehörend, der später mit diesem an *St. Maximin* in *Trier* ging. Aus *Riol* stammt *Peter Aspelt*, der eine bedeutende Persönlichkeit wurde. Er brachte es bis zum Erzbischof von Mainz und Erzkanzler des Deutschen Reiches. Ihm verdankte *Heinrich VII.* seine Wahl zum Kaiser. Im *Mainzer Dom* wurde *Peter Aspelt* bestattet (1320). Im August 1970 beging Riol seine 1900-Jahr-Feier. Weinfest am letzten Sonntag im Mai.

nach Trier. – „Rosengarten“. –

Auf der gleichen Moselseite liegt der Doppel-Weinort

Longuich-Kirsch (1300 Einw.). Er ist durch eine Brücke mit dem linksseitigen Ufer und dem an *Lörsch* anschließenden, an der *B 53* liegenden Weiler *Longen* verbunden. In römischer Zeit gab es hier den Ort *Longus Vicus* (=Langes Dorf), was römische Sarkophag- und Gräberfunde beweisen. Das Ortsbild bestimmt die Barockkirche (1771 erbaut) *St. Laurentius* mit romanischem Turm. Im Innern sind die drei Barockaltäre und die schöne Holzschnitzarbeit einer Madonna mit Weintraube aus dem 15. Jahrhundert sehenswert. An die Zeiten früherer Grundherrlichkeit erinnern die „Alte Burg“ mit schönem Fachwerk, das feste Haus der *Herren Platt von Longuich*, und der spätgotische *St.-Maximiner-Hof* mit Treppenturm und Wappen der Abtei. Schöne Wanderwege führen zum „Sauerbrunnen“ und zur „Sang“. Gute Weinlagen sind „Maximer Herrenberg“, „Herrenberg“ und „Probstberg“. Am 2. Sonntag im August feiert der Ort seine „Weinkirmes“.

nach Trier.

„Zur Linde“, „Hilt-Hoff“. – . – .

Von *Longuich* führt das liebliche Tal des vom Hunsrück herunterkommen-

Blick auf Longuich-Kirsch

den Feller Baches zunächst nach *Fastrau* (300 Einw.). Hier besaß die *Abtei St. Maximin* beste Rebenhänge. Der Name des etwas talauf gelegenen Ortes *Fell*, schon 663 erwähnt, entstand aus lateinisch *vallis* (= Tal). *Gräberfunde* und ein *Steinrelief* des Gottes *Silvanus* (silva = Wald) auf dem *Feller Bergkopf* (mit einem ehemals bewehrten Wirtschaftshof von St. Maximin) lassen auf römische Besiedlung und eine Kultstätte schließen.

Longen (100 Einw.), 45 km, hieß früher *Longin* (773). Das kleine, dem heiligen *Eligius* geweihte Kirchlein, fast 500 Jahre alt, hat einen spitzigen Dachreiter.

Auf der *B 53* erreicht man bald den großen Marktflecken

Schweich (5700 Einw.), 48 km. Hier erreichen die *B 49*, schon zu römischer Zeit als Heerstraße Koblenz–Trier von *Alf* über *Wittlich* geführt, und die Autobahn *A 1* wieder die Mosel. Der Ort liegt am Auslauf der fruchtbaren *Trierer Talaue*. Schon in vorrömischer Zeit hat hier eine keltische Siedlung mit dem Namen Soiacum (752 urkundlich bezeugt) bestanden. 1924 stieß man bei Grabungen auf ein schönes *Mosaik* mit Venus und Amoretten aus römischer Zeit. Später gehörte das Dorf einer fränkischen Adelsfamilie, der *Bertrada*, Gemahlin *Pippins des Kleinen*, entstammt. Sie vermachte den durch Weinbau bekannten Ort der damals noch jungen *Abtei Prüm*. Vom 12. Jahrhundert an war die *Abtei Echternach*, seit dem 14. Jahrhundert das *Trierer Erzstift* im Besitz einträglicher Güter in Schweich. Außerdem hatten mehrere Klöster und Adelsfamilien Weingüter in Schweich. Noch heute erinnert das barocke sogenannte *Hisgenhaus* (1758), früher Amtshaus der *Abtei St. Maximin*, an dessen Grundbesitz in der Schweicher Gemarkung. 1984 erhielt Schweich Stadtrechte.

Eine 6 m hohe handgebeilte Basaltlava-Säule auf dem Brunnenplatz mit Bronzereliefs (Szenen aus seinem Kindheitsbuch „Der Knabe im Brunnen") erinnert an den Moseldichter *Stefan Andres* (s. S. 54); Stefan-Andres- und Johannes-Haw-Ausstellung im Kulturzentrum *Niederprümer Hof*. – *Synagoge* (1862).

Vor dem Bau der modernen Moselbrücke an dieser Pforte zur *Trierer Moselaue* besorgte eine Fähre den Übergang; da es der wichtigste an der großen alten Trierer Straße war, war ihr Betrieb sehr einträglich. Der unter Kurfürst *Clemens Wenzeslaus* 1785 erbaute Fährturm steht als markantes Wahrzeichen Schweichs am linken Ufer. *Kelten* und *römische Legionäre* waren die ersten geschichtlich verbürgten Benutzer des Flußübergangs.

D-Zugstrecke Koblenz–Trier.
Trier, Wittlich, Bernkastel.
Bernkastel–Trier.
am alten Fährturm.
„Grefen", „Leinenhof", „Zum Stern", „Moselbrücke", „Bender".

Schweich hat ein großes beheiztes Freibad und einen Sporthafen.

Am linken Ufer der Mosel gelangen wir über den kleinen Ort *Issel* nach

Trier-Quint. 5 km von Schweich und 10 km von Trier entfernt.

Der Name Quint geht auf die römische Distanzangabe *ad quintum lapidem* (= am 5. Meilenstein der Heerstraße Trier—Andernach) zurück. Zu Beginn des 13. Jahrhunderts errichteten Graf *Friedrich von Vianden* und Erzbischof *Johann I. von Trier* (1190 bis 1210), die in Fehde miteinander lagen, hier Burgen. Von ihnen blieb nicht viel übrig. Zwei zugewanderte Franzosen machten sich 1683 um den Ortsteil Quint und seine Umgebung durch die Gründung der *Quinter Hütte* sehr verdient. Der Rohstoff kam aus der nahen Eisengrube. Einer von ihnen wurde als *Pidoll von Quintenbach* 1714 für seine Verdienste vom Kurfürsten geadelt. Das Schmelzwerk hatte im 18. Jahrhundert durch seine Öfen und Taken- (= Kamin-)Platten aus Gußeisen einen guten Namen. Das *Barockschloß* der Hüttengründerfamilie *Pidoll* (heute Verwaltungssitz) mit seiner schönen Freitreppe und figürlichem Schmuck steht zwischen dem Werk, das 1972 seinen Betrieb einstellte, und dem Moselufer.

An der Straße zwischen *Quint* und *Ehrang* steht ein *Gedenkkreuz* für Erzbischof *Milo* (gestorben 753) aus dem 15. Jahrhundert, zu dem ein *römischer Meilenstein* Verwendung fand.

Trier-Ehrang. Am Ausgang des *Kylltales*, dort wo die aus der Nordeifel kommende *Kyll* in die *Trierer Aue* eintritt, stand früh eine Siedlung. Vermutlich geht *Ehrang* (1969 nach Trier eingemeindet) auf das keltische *Jarancum* zurück. 757 wird es als *Yranc* erwähnt.

Zwei *Jupiter-Gigantsäulen* (jetzt als besonders wertvolle Stücke im Trierer Museum) fand man hier. 1346 wurden *Ehrang* die Stadtrechte verliehen. 1673 zerstörten die Franzosen die Stadtbefestigung.

Einige Kilometer oberhalb *Ehrangs* ragt über dem waldgesäumten *Kylltal* die Ruine der einst wehrhaften *Burg Ramstein* auf. Erzbischof *Diether* (1300–1307) hatte sie über einem Rotsandsteinkegel errichten lassen. Am Felshang der Burg ist die *Genovevahöhle*, die in der Altsteinzeit – nach Funden in der Nähe zu schließen – als *Kultstätte* diente.

Trier–Koblenz, Trier–Köln.
· Trier-Ehrang–Wittlich (Eifel), Trier–Daun.

Nahe Trier-Ehrang, am Moselufer, liegt

Trier-Pfalzel. Ursprünglich stand über dem hier ziemlich hohen Moselufer ein kleiner *römischer Palast* (*Palatiolum* = kleine Pfalz). Mitte der dreißiger Jahre stieß man an dieser Stelle auf einen *Fußboden* mit reicher *Mosaikausstattung*. Im 6. Jahrhundert erbauten fränkische Könige auf den römischen Fundamenten einen *Königshof*. *Adela*, Prinzessin aus dem Hause der *Arnulfinger*, ließ in diesen eine *Stiftskirche* für das von ihr gegründete *Benediktinerinnenkloster* einfügen. Erzbischof *Albero* nutzte die Anlage im 12. Jahrhundert zur Errichtung einer starken *Burg*. Seit dem 14. Jahrhundert besaß das inzwischen Stadt gewordene Pfalzel (seit 1969 ein Stadtteil von Trier) einen wohlbewehrten *Mauerring*. Als die Verwaltung des Trierer Landes zu Beginn des 19. Jahrhunderts preußisch wurde, büßte Pfalzel viel von seiner Bedeutung ein. Der Ausbau des *Mosel-Großschiffahrtsweges* brachte den modernen *Umschlaghafen*.

Pfalzel hat viele *Sehenswürdigkeiten*: die stattliche *Moselfront* mit dem *Stiftsgebäude*, Teilen des *Kreuzganges* und der *Petrikapelle* (heute „Klosterschenke"). Als *Pfarrkirche* dient die im 7. Jahrhundert in einen Seitentrakt des *römischen Palastes* (4. Jh.) eingefügte romanische *Stiftskirche*, eine der ältesten Kirchen Deutschlands (renoviert). Daneben steht das *älteste bewohnte Steinhaus* Deutschlands (Mitte 4. Jh., heute Küsterwohnung). Teile der kurtrierischen *Festung* (1539 fertiggestellt) sind erhalten. Außer mehreren *Chorherren-* und *Zunfthöfen* und einem Rokokopavillon stehen aus Kurtrierer Glanzzeit: *Gerichtshaus, Münze, Scholasterei, Zollhaus, Amtshaus und Zehnthausscheune*.

DB-Strecke Trier–Köln (Eifel) und Trier–Koblenz (Mosel).

nach Trier.

Motorboot nach Trier (Mai—Okt.).

„Klosterschenke".

Die *B 49* wechselt über die *Schweicher Moselbrücke* auf das rechte Ufer, geht hier in den *Autobahn-Zubringer Trier—Schweich* über und führt vorbei an dem sich etwas abseits an einen Bergwaldhang schmiegenden Dorf

Kenn (2300 Einw.). Auch hier – wahrscheinlich eine Zwischenstation an der Römerstraße Hunsrück—Bingen—hatten sich zur Römerzeit bereits Winzer und Bauern niedergelassen. Der Ort hieß 633 *Kannis*, gehörte zum Königshofbereich *Detzem* und kam 634 an die Trierer *Abtei St.-Maximin*. — Auf der Parallelstraße zum *Autobahn-Zubringer* erreicht man

Trier-Ruwer, 54 km, an der Mündung des gleichnamigen Flüßchens, das aus dem *Hunsrücker Hochwald* der *Mosel* zueilt. *Ziegelöfen*, allerlei *Bodenfunde*, Teile einer *Wasserleitung* lassen auf Besiedlung in früher *Römerzeit* schließen. Das Tal der *Ruwer* hat an den der mittäglichen Sonne zugewandten Rebhängen vorzügliche Lagen eines eigenen, von typischen Moselweinen abweichenden Charakters. Mittelalterliche Kenner und erlauchte Freunde von Ruwerkreszenzen sicherten sich bereits früh Anteile.

Pfalzel: Moselfront

Trier–Hermeskeil, Trier–Kaiserslautern.

„Zur Post"

Weiter talaufwärts liegen das ehemalige kurfürstliche Hofgut *Diesburg* mit gotischen Wohntürmen, *Trier-Eitelsbach* mit dem *Karthäuser Hof* und *Mertesdorf* (1200 Einw.), das aus *Martinivilla* entstand. „Maximiner Grünhäuser Herrenberg" (*Rittergut Grünhaus* mit barocken Gebäuden, einst im Besitz von *St. Maximin* in *Trier*) läßt die Herzen von Ruwerweinkennern höher schlagen. Die Abtei legte hier 1135 einen großen Weinberg an, auf dem heute über 100 000 Stöcke stehen.

Noch etwas weiter talaufwärts ziehen sich oberhalb von *Kasel* (1100 Einw.) an sanft ansteigenden Hängen dichte Reihen von Rebstöcken bis zum Waldsaum hin. *Kasel, aus Casella* (= kleines Landhaus) sich herleitend, wird 973 als Weingut des *Klosters Oeren* erwähnt. Erst im nächsten Ort, in

Waldrach (2300 Einw.), erreicht der Ruwer-Weinanbau seine Grenze. Dieses alte *Waldracha* schmiegt sich an seine Rebenhänge und Waldhöhen an. Hier findet man seltene „Menhire", *Kultsteine* aus keltischer Zeit (2000–4000 v. Chr.) und – südwestlich Waldrach – auf dem Naumeterkopf eine frühgeschichtl. Fliehburg. Reste der *Wasserleitung*, die Quellwasser aus dem oberen Ruwertal nach Trier beförderte (wie heute aus dem Stausee der *Riveris-Sperre* in einem Seitental der Ruwer), stammen aus römischer Zeit. Die *Hallenkirche* und ihr romanischer Turm beherrschen das Bild des Dorfes. Der Trierer Bildhauer *H. R. Hoffmann* schuf das zu einem Altar umgebaute *Enchringen-Epitaph*.

Von *Ruwer* sind es nur noch wenige Minuten bis zum Stadtkern von

Trier, 102 km (von Bernkastel), siehe S. 20.

Route 5: Durch den Winkel Saar–Mosel

Hart oberhalb Triers hebt die *Staustufe 10* (mit Kraftwerk und Schleusen) die Mosel um 9 m gegenüber der *Staustufe 9 Detzem* an. Die von *Köln* über die *Eifel* herkommende, *Trier* berührende *B 51* überquert die *Saar* bei

Konz (15 700 Einw.), 6 km, in römischer Zeit *Contionacum.* Eine steinerne *Straßenbrücke* aus 5 auf 6 Pfeilern ruhenden Bögen, bewehrt mit zwei Türmen, überspannte hier im Zuge einer der wichtigsten römischen Heerstraßen die Saar. Eine spätrömische *Prunkvilla*, Kaiser *Valentinians* Sommersitz, krönte einst den Kirchenhügel, der einen großartigen Blick über das Moseltal und die Saarmündung (der Fluß wurde zur Großschiffahrtsstraße ausgebaut) gewährt. Die barocke *Kartause* mit prächtiger Fassade aus rötlichem Sandstein und dem Ehrenhof erinnert eher an ein Schloß. Sie lag ursprünglich im heutigen Stadtgebiet von Trier, wurde während der Belagerung durch Franz von Sickingen (1522) abgetragen und später in *Konz* neu errichtet (1680 bis 1707). *Freilichtmuseum Roscheider Hof.*

🚂 DB Trier-Saarbrücken/Luxemburg.

🚌 Trier–Saarburg.

🏨 „Parkhotel Mühlenthaler", „Schons". „Alt-Conz", „Römerstube".

⛺ Moselufer, Hallen-, Frei-🏊. Bootshafen; Reithalle, Segelflugplatz.

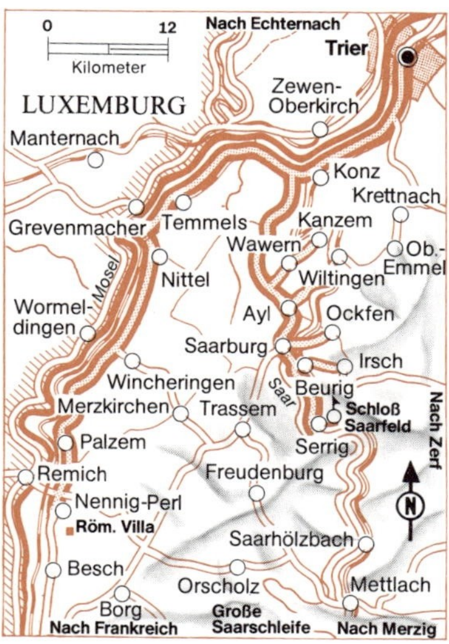

Von der *B 51* zweigen Seitenstraßen zum Unterlauf der *Saar* und einem Nebental – dem „Tälchen" – mit behaglichen kleinen Weinorten ab, deren rassige, fruchtige Kreszenzen sehr beliebt sind: *Kommlingen* (1969 nach *Konz* eingemeindet) und *Mennig* (mit *Niedermennig*, *Obermennig* und *Krettnach*, 1971 nach Konz eingemeindet). Im Ortsteil *Krettnach* und in *Oberemmel* (1971 nach Konz eingemeindet; in keltischer Zeit *Ambilacum* = sumpfige Flußaue) hatten die Trierer *Abteien Maximin* und *St. Matthias* Weingüter (Hofhäuser erhalten). In

Kanzem (550 Einw.), 1030 als *Camesa* (= Flußwindung) erwähnt, hatten die *Herren von Marchant*, die *Reichsgrafen von der Leyen* und das Kloster *Wadgassen* Anteile an hochgeschätzen Saarweinen.

Wawern (600 Einw.). Schon 1030 wurde in *Wavera* (treverisch – nicht bebautes Land) nachweislich Wein gezogen. Das Trierer Domkapitel sicherte sich 1043 seinen Anteil. Sein hübscher barocker Weinhof (1722) steht noch.

Ayl (1200 Einw.), an der *B 51*, hieß ursprünglich *Eile* (1052. Ein Saararm, der zu einer Wiesenmulde austrocknete, machte aus dem einstmals waldbewachsenen *Inselberg* eine *Halbinsel.* Auf dem Bergrücken „Ayler Kupp" gedeiht vorzüglicher Wein, wovon der barocke erzbischöfliche *Weinhof* (18. Jh.) Zeugnis ablegt. – 🏠 „Ayler Kupp".

Wiltingen (1400 Einw.). Die Endung -ingen läßt auf frühfränkische Besiedlung schließen. Der vielgerühmte *Scharzhof* in der Wiltinger Gemarkung galt einst als einer der höchstbewerteten unter zahlreichen Bestlagen der Trierer *Abtei St. Martin.* Die Weinhöfe *Rauhof*, einst im Besitz der *Abtei Mettlach*, und *Warsberger Hofhaus* sind Beweise für die Wertschätzung Wiltinger Lagen. Von alten Zeiten kündet der *Gerichtsplatz* „Im Spieles" mit Steinsitzen für die Schöffen. Weinlehrpfad. Lohnende Aussicht: *Galgenberg.*

🚂 DB Trier–Saarbrücken.

🚌 Trier–Saarburg. – 🏨 „Am Scharzberg".

Ockfen (600 Einw.). Seine vorzüglichen Lagen konkurrieren mit denen Wiltingens. Auch hier unterhielt die Trierer *Abtei St. Martin* nachweislich schon 975 ein Weingut, dessen 1762 erbauter *Hof* erhalten blieb. Ein schönes Hoch-

5

relief in der dem *hl. Martin* geweihten Kirche gehört zu Ockfens Sehenswürdigkeiten. Außer großen Weingütern betreibt hier eine staatliche Domäne vorbildlichen Weinbau.

DB Trier–Saarbrücken (Bahnstation Schoden).

Trier–Saarburg.

Im Seitental der Saar der Weinort

Irsch (1600 Einw.), der seinen Namen von *Evese* (um 1000) herleitet. Hier besteht der älteste Winzerverein im Saar-Weinbaugebiet.

Saarburg, Zerf.

„Brunnenhof".

Nach diesem kleinen Extrakurs zu den besonders geschätzten Lagen der unteren Saar erreicht man alsbald die Stadt

Saarburg (6500 Einw.), 22 km (von Trier). Dieses idyllische Saarstädtchen mit seinem ruinengekrönten Bergkegel ist ein wahres Juwel in dieser durch Lage, Natur und Klima gottgesegneten Landschaft. Die *Luxemburger Grafen* wählten die den Ort überragende waldbedeckte Bergkuppe, auf der sie 964 eine Burg errichteten, zu ihrem Wohnsitz. Mitte des 11. Jahrhunderts kam die Burg an *Kurtrier*. König *Rudolf* verlieh dem nun schnell wachsenden Ort 1291 Stadtrechte. Der Ansturm der Streitmacht *Franz von Sickingens* scheiterte an ihrer starken Wehr. Den Eroberungszügen *Ludwigs XIV.* jedoch waren Stadt und Burg nicht gewachsen. Sie hinterließen auch die Burg als Ruine, die 1860 in den Besitz der Stadt überging. Schifffahrt, Weinbau, Fischerei und Flößerei waren die Grundlagen frühen Wohlstandes der Stadt. Neuerdings treten kleinere Industrieunternehmen, aber auch Weinhandel an ihre Stelle.

Saarburg: An der alten Stadtmühle

In Saarbrug blieb manches vom alten Stadtbild erhalten. Über eine 20 m hohe Schwelle rauscht das hier mündende Saargauflüßchen *Leuk*, das mitten durch die Stadt fließt und einstmals mehrere Wasserräder trieb, u. a. die der alten *Stadtmühle*. In der Unterstadt stehen malerische Fischer- und Schifferhäuschen. Der *Westturm* der alten *Kirche* mit seinen zwei Helmen stammt aus dem Jahre 1563. Zwei wappengeschmückte Grabtafeln (Epitaphien) der *Freiherren von Warsberg* aus dem 18. Jahrhundert und die schöne *Weintraubenmadonna* (Ende 15. Jh.) sowie die *Kreuzwegstationen* mit ihrer starken, aus der *Barlachschule* hervorgegangenen künstlerischen Aussage sind sehenswert. Überreste des *Kunohofturms* (17. Jh.) und der Stadtbefestigung stehen noch.

Im rechts der Saar gelegenen Stadtteil *Beurig* blieben die *Wallfahrtskirche* aus dem 16. Jahrhundert mit der noch älteren *Gnadenmadonna* (14. Jh.) und das 1802 säkularisierte *Franziskanerkloster* (1608) erhalten.

i Verkehrsamt, im Rathaus.

DB Trier–Saarbrücken.

nach vielen Richtungen (Trier, Hunsrück, Saarland, Luxemburg).

„Saarbruger Hof", „Saarbrücker Hof", „Brizin", „Wagner", „Zunftstuben", „Auberge", „Haus Saargau".

Leukbachtal, Warsberg, Waldfrieden.

Am Bottelter Berg.

Frei- und Hallenbad, Tennishalle. – Stadthalle, Freizeitpark.

Nach wenigen km Fahrt über die Saarbrücke und durch Beurig erreicht man

Serrig (1500 Einw.). In keltischer Zeit hieß es wohl *Serviacum* (=Platz des Servius), danach *Serveche* (802), woraus der heutige Name entstand. Serrig liegt an einem der landschaftlich schönsten Punkte der unteren Saar. Gegenüber (linkes Saarufer), auf waldumrauschtem Felsabsatz des *Klausberges*, befand sich einst eine Kultstätte. Die Römer legten einen festen *Wachtposten* auf dieser weithin das Tal beherrschenden Felsklippe an. Ein französischer Franziskaner, der hier als Eremit lebte, krönte den äußersten Felsvorsprung mit einer Kapelle. Durch die Französische Revolution geriet der Platz in Vergessenheit, bis der romantisch veranlagte preußische König *Friedrich Wilhelm IV.* ihn als Ruhestätte für die sterblichen Überreste des am 26. August 1346 in der Schlacht von *Crécy* gefallenen blinden Böhmenkönigs *Johann* aus dem *Luxemburger Haus* wählte. Die Gebeine waren durch merkwürdige Zufälle in den Besitz des *Mettlacher* Fabrikanten *Boch* gelangt. Der Preußenkönig ließ 1838 durch seinen berühmten Architekten *C. Fr. Schinkel* über einem Sarkophag in Formen des Hochmittelalters eine würdige *Grabkapelle* errichten. 1946 holten die *Luxemburger* den Sproß ihres Herrscherhauses heim in die Kathedrale ihrer Hauptstadt. Die *Klause*, von der aus man einen wundervollen Blick über diesen Teil der Saar hat, wurde *Wallfahrtsziel* und *Ehrenfriedhof* für 1500 Gefallene.

DB Trier–Saarbrücken.
Saarburg–Trier.

Hinter der *Konzer Saarbrücke* zweigt von der *B 51* die *B 419* ab. Bei *Oberbillig*, 12 km von *Trier* entfernt, gegenüber *Wasserbillig*, bildet die Moselmitte die Grenze zwischen der *Bundesrepublik* und dem *Großherzogtum Luxemburg*. Auf der linken Seite mündet zwischen dem luxemburgischen *Wasserbillig* (Autofähre) und dem deutschen *Wasserbilligerbrück* der Grenzfluß *Sauer* in die Mosel. Erster deutscher Ort im Sauertal ist *Langsur*, das röm. Langsura, in dem man schon 978 Wein anbaute.

In einer anmutigen Moseltalaue liegt **Temmels** (600 Einw.). Schon 634 wird hier ein Platz mit dem Namen *Talmation* (keltischen Ursprungs = Hügelort) erwähnt. Die für den Weinbau so günstigen Bedingungen reizten früh das *Kloster Longuyon*, hier Grundherr zu werden. Nachfolger wurde das *Trierer Deutschordenshaus*. Aus dieser Zeit stammt der barocke *Landsitz* (1785).

Auf der Weiterfahrt grüßt von der Luxemburger Seite, über eine Brücke erreichbar, der Weinbauort

Grevenmacher (3000 Einw.;) herüber. Die 11. *Staustufe* (mit Kraftwerk und Schleusen) hebt den Wasserspiegel der Mosel um 7,2 m an, auch hier einen See bildend. Das in römischer Zeit und später (732 genannte *Macheriacum* ist eine Zusammensetzung aus dem lateinischen *maceria* (= Weinbergsmauer) und *Greven* (= Grafen, von Luxemburg). Steile Dolomitfelsformationen überragen den seit mindesten seinem Jahrtausend vom Weinbau lebenden Ort. Weinfest Mitte September. Der Erholungsort

Nittel (1700 Einw.), 25 km, mit seinen 300 ha Rebenbergen ist eine der größten Weinbaugemeinden Deutschlands (2 Millionen Rebstöcke). Auf einer Felsnase in einem Seitentälchen steht die gotische, im Innern barock ausgestattete *Wallfahrtskapelle*, dem heiligen *Rochus* geweiht. Von ihr lohnt der Ausblick über das breite Tal der Mosel. Bizarre Dolomitenfelsformationen.

DB Trier–Metz.
Saarburg, Konz (Trier).
„Nitteler Hof", „Mühlengarten".
„Holbach", „Moselblick", „Moselland".
Hallen-.

Etwas landeinwärts liegt der Winzerort

Wincheringen (1350 Einw.), 26 km. Er hieß einmal *Winegringen* (893), was auf frühfränkische Besiedlung schließen läßt. Die *Burg*, vordem Wasserschloß, jetzt Gemeindehaus, gehörte Kurtrier und wurde 1357 den *Herren von Warsberg* als Lehen übertragen. Ihr wuchtiger, fünf Geschosse hoher *Rundturm* ist, obwohl ziemlich weit von der Kirche entfernt, deren Glockenturm.

Trier–Metz.

nach Saarburg, Konz–Trier.

Brücke über die Mosel zum luxemburgischen Wormeldingen.

„Moselblick", „Jung", „Walter", „Paulus", „Petrusschänke", „Denzer".

Auf der *B 419* entlang der *Mosel* nach *Palzem* fällt der Blick auf die *12. Stufe* (mit Kraftwerk und Schleusen) des Mosel-Schiffahrtsweges. Der Fluß wird hier um 4 m auf 140,5 m ü. d. M. angestaut. Nach kurzer Fahrt kommt das Winzerdorf (200 ha Rebfläche)

Palzem (1300 Einw.) an der alten Römerstraße Metz–Trier. Sein Name leitet sich von *palatiolum* = palastartiger Bau) der römischen Zeit her. – . Schließlich erreicht man den Weinort

Perl-Nennig (1000 Einw.). Diese Gegend muß selbst für sonnengewohnte, klimaverwöhnte Römer reizvoll gewesen sein. Wie wäre es sonst zu erklären, daß man in der Nähe (durch den Ort *Wies* zu erreichen) die stattlichen Überbleibsel einer prächtigen römischen *Villa* besichtigen kann. Erst 1852 wurde hier ein *Mosaikboden* (15 x 10 m) entdeckt, der Nennig weltberühmt machte. – 3 Hotels. – am Moselufer.

Trier–Metz.
Merzig, Saarbrücken, Luxemburg.

Register